전국 글짓기 공모전 대비

완주

초등 대회 글쓰기

이혜정 지음

서사원주니어

작가의 말

선생님은 오랫동안 글쓰기를 지도해 왔어요. 그저 교실에서 아이들과 즐겁게 글 쓰는 일이 선생님에게 큰 행복이었죠. 그때는 글쓰기 대회가 있는지조차 몰랐고, 당연히 아이들과 참여해 볼 생각도 하지 못했어요.

선생님은 아직도, 4학년 때 받았던 글쓰기 상을 기억해요. 물론 그때의 행복도 고스란히 마음속에 남아 있어요. 하지만, 경쟁 요소가 많이 사라진 요즈음의 학교에서는 더이상 글쓰기 상을 보기 힘들어졌어요.

선생님은 어릴 적 선생님이 느꼈던 그 행복을 여러분도 느껴 봤으면 좋겠어요. 글로써 얻는 성취감을 맛보게 해 주고 싶어요.

해마다 전국에서 열리는 글쓰기 대회가 수도 없이 많아요. 그렇지만 쉽게 참여하지는 못하죠. 학교에서 열리는 대회가 아니라서 집에서 혼자 준비할 수밖에 없거든요.

그래서 선생님은 글쓰기 대회에 참가하고 싶은 여러분을 도와주기 위해 이 책을 만들게 되었어요. 갈래별로 글 쓰는 방법만 알아도 훨씬 글쓰기가 쉬워질 거예요.

상을 받지 못할까 봐 걱정된다고요? 내 생각을 아무리 잘 표현했다고 해도, 읽는 이의 마음에 들지 않는다면 상 받기는 힘들어요. 하지만 걱정하지 말아요. 향상된 글쓰기 실력은 여러분들에게 영원히 남을 테니까요.

그럼, 선생님과 함께 글쓰기 자신감을 심어 줄 '대회 글쓰기', 시작해 볼까요?

웃는샘 이혜정

이 책의 구성과 특징

① 비법 알기

시, 생활문, 편지문, 독후감상문, 논설문 등 갈래별로 글 잘 쓰는 비법을 익혀요.

② 글쓰기 엿보기

과학, 환경, 인권 등 다양한 주제의 지문을 읽고 예시 글을 들여다봐요.

③ 글쓰기 도전

배운 비법을 사용해 실제 대회라고 생각하며 나만의 글을 써 봐요. 정답은 정해져 있지 않답니다.

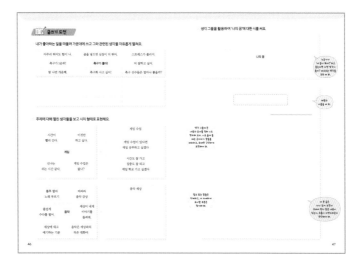

차례

글쓰기 대회를
알아봐요

우리가 미처 알지 못했던

흥미로운 글쓰기 대회가 많아요.

우리 함께 차근차근 준비해 볼까요?

1. 글을 왜 쓸까요?

"선생님, 저는 작가가 될 생각도 없는데 글쓰기를 꼭 해야 하나요? 왜요?"

어느 날, 선생님에게 이렇게 질문하는 친구가 있었어요. 주제 글쓰기 숙제가 꽤 힘들었나 봐요. 그래서 선생님은 그 친구에게 지금 글쓰기를 해야 하는 이유를 이렇게 설명해 주었어요.

"첫째, 글쓰기는 소통 방식 중 하나야. 그래서 글쓰기를 통해 너는 네 생각을 정확하게 표현하고, 그 생각을 다른 사람들과 소통하는 방법을 배울 수 있어."

"둘째, 글쓰기를 할 때 생각을 많이 해야 하잖아. 자기만의 이야기를 만들어 내는 과정에서 생각하는 힘을 기를 수 있을 뿐 아니라, 창의성과 상상력도 좋아져."

"셋째, 글쓰기는 자기표현 과정이야. 글쓰기를 통해 너는 네 감정, 경험, 생각 등을 글로 표현함으로써 너 자신을 더 명확하게 이해할 수 있지."

"또 있어. 글쓰기는 공부에도 도움이 돼. 수행평가를 볼 때나, 중요한 내용을 정리할 때 글쓰기는 필수야. 그러니까 결국 글 쓰는 연습을 많이 하면 네 학습 능력도 향상하게 돼."

"마지막으로, 글쓰기를 잘하면 나중에 할 수 있는 일들이 무수히 많아. 블로거나 작가, 강연가, 유튜버 등 많은 인플루언서들의 기본 능력이 바로 글쓰기야. 그러니 지금 어릴 때 잘 익혀 두면 좋을 거야. 아무도 모르는 일이잖아. 나중에 네가 얼마나 멋진 인플루언서가 될지 말이야."

어때요? 글쓰기를 왜 공부해야 하는지 이해했나요?

선생님은 '글쓰기'가 다가올 미래에 여러분의 길을 한층 더 빛내 줄 수 있을 거라 믿어요.

2. 글쓰기 대회에 나가면 무엇이 좋을까요?

학교로 접수되는 글쓰기 대회는 수도 없이 많아요. 그중 괜찮은 대회는 학교 누리집 공지사항에 안내되죠. 매년 같은 시기에 열리기 때문에 1년만 자세히 살펴봐도 '아, 몇 월에 무슨 대회가 있구나.'를 알 수 있어요. 특히 지역 축제에서는 빠짐없이 어린이 글쓰기 대회를 열어요. 관공서(시 군청이나 교육청)나 문화시설에도 특색 있는 글쓰기 대회가 항상 있죠.

그럼, 이렇게 글쓰기 대회가 열리는 이유는 무엇일까요? 그 지역의 위인을 기리기 위해서일 수도 있고, 역사적 사실을 바탕으로 그 얼을 되새겨 보기 위함일 수도 있어요. 어떤 시설이나 축제를 알리기 위해서거나 시민들의 참여도를 높이기 위해 글쓰기 대회를 여는 경우도 많고요.

대회마다 제시하는 주제가 있어서, 우리는 그 대회를 준비하며 주제 의식에 대한 자기 생각을 정립해 볼 수 있어요. 그뿐 아니라, 그 생각을 자신의 삶에 비추어 글에 담는 경험을 해 볼 수 있지요. 그것이 바로 글쓰기 대회의 목적이에요.

글쓰기 대회는 도전과 경쟁의 요소를 가지고 있어요. 참가자들은 자신의 글쓰기 능력을 발휘하고 다양한 주제나 장르에 대한 도전을 시도하면서, 다른 참가자들과의 경쟁에서 앞서기 위해 노력하죠.

이기기 위한 글쓰기에 대해 부정적인 시각을 가질 수도 있지만, 선생님 생각은 조금 달라요. 경쟁하는 과정이 참가자에게 동기가 될 수 있잖아요. 글쓰기 대회에서는 일반적으로 상장, 그리고 상금이나 보상이 제공되죠. 이를 통해 참가자들은 노력과 열정을 보다 더 기울일 수 있고, 실력도 향상되지요.

선생님은 여러분이 글쓰기 대회를 통해 글쓰기에 대한 동기부여와 발전의 기회를 얻길 바라요. 더불어 창의성과 생각하는 힘도 키우는 기회를 얻었으면 좋겠어요. 자, 그럼 제대로 준비해 볼까요?

3. 글쓰기 대회를 소개합니다

2024년 열렸던 글쓰기 대회를 소개합니다. '엽서시 문학공모' 사이트에서 어린이 대상 문학 대회를 찾아 보면 훨씬 더 많은 정보가 있어요. 여러분들이 살고 있는 지역의 행사나 기관에서 열리는 글쓰기 대회도 엄청 많고요. 이 책으로 글쓰기를 연습한 후에 도전해 보는 건 어떨까요? 여러분의 글쓰기 실력을 대회에서 신나게 뽐내 보아요.

*생:생활문, 편:편지문, 독:독후감상문, 논:논설문

대회명(주관)	주제	영역					시기	대상 및 특징
		시	생	편	독	논		
평택사랑 전국백일장 공모전(평택문인협회)	평택의 문화, 예술, 자연	○	○	○			4~5월	전국 초·중·고등학생, 일반
전국학생한글백일장(산청문화원)	나무	○	○	○			4~5월	전국 초·중·고등학생
문열공 매운당 이조년 선생 추모 전국백일장(고령문화원)	자유 글제	○	○				5~6월	전국 초·중·고등학생, 일반
올키즈스터디 창작동시대회(함께걷는아이들)	미래에는 ~ 있다! 없다?	○					4~5월	초등 연령의 어린이 누구나
협성 독서왕(협성문화재단)	지정 도서의 주제				○		7월	전국 초·중·고등학생, 일반 *매해 지정도서가 다름 *초등은 11세 이상만 참가
전국어린이 독후감쓰기대회(한국아동문학인협회)	지정 도서의 주제				○		6~7월	초등 연령의 어린이 누구나 *매해 지정도서가 다름
청소년 과학기술도서 독후감대회(한국공학한림원)	지정 도서의 주제				○		4~6월	전국 초·중·고등학생 *매해 지정도서가 다름
전국 RCY 백일장 및 그림그리기 온라인 공모전(대한적십자사)	내일의 꿈을 함께 그리는 선생님과 나	○	○	○			4~5월	전국 초·중·고등학생
백호임제 어린이 글짓기대회(백호문학관)	이름		○	○			3~9월	초등 연령의 어린이 누구나
주계 어린이 효 편지쓰기 대회(마을을 잇는 사람들)	효, 가족, 고향				○		3~9월	초등 연령의 어린이 누구나
2충1효 전국백일장 공모전(2충1효문화연구원)	길, 그림자, 후회	○	○				4~6월	전국 초·중·고등학생, 일반

대회명(주관)	주제	영역					시기	대상 및 특징
		시	생	편	독	논		
전국 세대공감 사랑과 효_글, 그림, 엽서 공모전(한국효문화센터)	효의 실천 활동	○	○				4~5월	전국 초·중·고등학생
이주홍 어린이 독후감 쓰기 대회(이주홍문학재단)	지정 도서의 주제				○		4월	초등 연령의 어린이 누구나
전국 초중고등학생 백일장 (장애인먼저실천운동본부)	마음 더하기, 행복 나누기	○	○	○	○	○	4~5월	전국 초·중·고등학생
글나라 편지쓰기 대회(한국독서문화재단)	자유롭게			○			4월	전국 초·중·고등학생, 일반
국제 지구사랑 작품공모전 (환경실천연합회)	환경과 인간의 공존	○	○				3~4월	전국 초·중·고등학생, 일반
해동공자 최충 문학상 전국 공모전(한국문인협회)	자유, 최충 관련	○					4~5월	전국 초·중·고등학생, 일반 *주제가 최충과 관련될 경우 우대함
청담 초·중·고 학생 글짓기 대회(경상국립대학교 청담사상연구소)	나눔과 인내, 자유 주제	○	○				9~10월	전국 초·중·고등학생
어린이 농업·농촌 글짓기 공모전(국립원예특작과학원)	우장춘 박사와 나		○				4~6월	초등 연령의 어린이 누구나
충효예 실천 세계 글짓기 대회(사단법인 충효예대학)	나라사랑, 가족사랑, 이웃사랑, 자연사랑		○				10~11월	전국 초·중·고등학생
전국 초중학생 발명글짓기 만화 공모전(한국발명진흥회)	위기 속에 피어나는 발명 이야기		○				9~11월	전국 초·중학생
아름다운 편지쓰기 공모전 (아름다운편지운동본부)	30년 후의 나에게, 또는 내 아들, 딸에게 보내는 편지				○		11월	전국 초·중·고등학생
전국장애인과 함께하는 문예글짓기대회(한국장애인유권자연맹)	장애인과의 삶	○	○	○		○	6~8월	전국 초·중·고등학생, 일반

대회명(주관)	주제	영역					시기	대상 및 특징
		시	생	편	독	논		
인권작품 공모전(전국시도)	인권가치의 사회적 확산	○	○				8~10월	전국 초·중·고등학생, 일반
눈높이 아동문학대전–어린이동시문학상(대교문화재단)	자유	○					6~8월	초등 연령의 어린이 누구나
건강한 사회 질서 지키기 공모전(건강사회운동본부)	우리가 행복한 학교, 함께 만들어요!	○	○				7~8월	전국 8세~16세
이어도 어린이.청소년 글그림 공모전(이어도연구회)	바다의 중요성 또는 수호의 필요성	○	○			○	5~8월	전국 초·중·고등학생
전국 청소년 저작권 글짓기 대회(문화체육관광부)	저작권을 소재로 하는 다양한 주제	○	○	○	○	○	5~7월	6세 이상 만 19세 미만 청소년
금융공모전(금융감독원)	금융 관련 주제		○				6~9월	전국 초·중·고등학생
농사랑 쌀사랑 공모전(농업박물관)	우리의 소중한 농업문화와 쌀의 가치 널리 알리기	○					5~8월	초등 연령의 어린이 누구나
전국 초.중.고 im환경일기 대회(DGB금융그룹)	환경 관련 내용		○				5~8월	전국 초·중·고등학생
해양문학상 공모(한국해양재단)	바다에 대한 희망, 기회, 도전	○	○				6~9월	전국 초·중·고등학생, 일반
양성평등 작품 공모전(한국양성평등교육진흥원)	양성평등 의식 함양을 위한 작품 공모전	○	○	○	○	○	5~6월	전국 초·중·고등학생, 일반
생태문학 공모전(국립생태원)	생태·환경을 주제로 한 동시	○					5~7월	전국 초·중·고등학생, 일반
우체국 문화전(우정사업본부)	'우체국'과 관련된 이야기		○				7~8월	전국 초·중·고등학생
항공문학상 공모전(한국항공협회)	항공을 소재로 한 창작문학	○	○				8~9월	전국 초·중·고등학생, 일반
전국 초등학생 금연 글짓기 공모전(한국건강관리협회)	금연(흡연예방)을 위해 함께 실천하는 건강습관	○	○				3~5월	전국 초등학생
전국 어린이 독후감 대회(어린이문화진흥회)	지정도서의 주제				○		7~8월	초등 연령의 어린이 누구나

대회명(주관)	주제	영역					시기	대상 및 특징
		시	생	편	독	논		
서초전국백일장(서초문인협회)	계단, 그릇, 기다림, 겨울 산, 징검다리	○	○				9월	전국 초·중·고등학생 일반
효녀심청 전국 어린이 예술 공모전(곡성문화원)	효 또는 곡성섬진강기차마을	○	○	○	○	○	9~10월	전국 유치원생 및 초등학생
통일염원 글짓기 대회(오마이뉴스)	평화와 통일을 염원하는 마음	○	○	○			10~11월	전국 초·중·고등학생
우리 숲 이야기 공모전(문화의집 서울, 유한킴벌리)	숲과 인간		○				10월	전국 초·중·고등학생, 일반
나라(독도)사랑 글짓기 국제대회(독도재단)	나라 사랑, 독도 사랑		○	○		○	4~6월	전국 초·중·고등학생, 일반
전국 청소년 세금 문예작품 공모전(국세청)	일상생활에서 만나는 따뜻한 세금 이야기		○	○		○	3~6월	전국 초·중·고등학생
왕인박사 전국학생백일장 (영암군)	영암의 자연, 문화유산, 추억	○	○				8~9월	전국 초·중·고등학생, 일반
용인특례시 전국 독서감상문 대회(용인중앙도서관)	선정 도서 주제				○		8~9월	전국 초·중·고등학생, 일반
한성백제백일장 공모전(송파문인협회)	치과, 북극곰, 별자리, 상자	○	○				7~8월	전국 초·중·고등학생, 일반
전국 초등학생 국토사랑 글짓기대회	안전한 도시의 모습 바꾸고 싶은 우리 동네		○			○	8~9월	전국 초등학생

◆ 대회 관련 정보는 해마다 달라질 수 있습니다.

◆ 대상 지역이 전국인 경우만 안내하였습니다.

◆ 각 지역민을 대상으로 열리는 대회는 훨씬 더 수상 기회가 크니, 지역별 공공기관 (시·도청, 시립도서관, 지역교육청)에서 주최하는 다양한 대회에 참가해 보세요. 대부분의 행사는 학교에서 홍보 및 안내를 하니 자주 학교 홈페이지 공지사항을 들여다 보시면 도움이 된답니다.

◆ 온라인 공모전이나 우편 접수를 하는 대회만 안내하였습니다. 현장에서 접수하여 글을 쓰는 백일장은 자녀와 더 많은 추억을 쌓을 수 있으니 알아보시고 참여해 보시길 바라요.

I

대회
글쓰기의
비밀

원래 글을 잘 못 쓴다고요?

걱정은 그만! 글을 잘 쓰는 간단한 방법만 알면

누구나 대회에서 상을 받을 수 있어요.

지금부터 글 잘 쓰는 비법 10가지를 알려 줄게요.

비법 ① 제목은 눈에 띄게

 제목은 글의 내용을 대표하는 이름이에요. 특이하거나 그 사람과 잘 어울리는 이름은 기억하기 쉽죠? 마찬가지로 글의 제목이 눈에 띈다면 그 글에 대한 관심이 높아질 거예요.

≫ 아래 글의 제목으로 가장 마음에 드는 것에 ○표 해요.

동물원   현장 체험 학습

사자는
멋있어!

동물원에 체험 학습을 갔다. 다양한 동물들 중 특히 사자를 직접 봐서 정말 좋았다. 멋진 외모와 갈색 털, 강렬한 눈빛이 인상적이었다. 사자들끼리 분위기가 험악해져서 나와 친구들은 고함을 질렀다. 그러자 사자가 우리를 향해 "으르렁" 울부짖었다. 난 그 순간 동생 우영이를 떠올렸다. '우영이도 울 때 저러는데.' 그때부터 난 그 사자가 무섭지 않고 친근했다. 앞으로 동생을 볼 때마다 사자가 생각날 것 같다.

동물원의
내 동생

친근한 사자   동생과 사자

 비법 정리

1 주제를 드러내요. 글에 담긴 내 생각이 드러나야 해요.

예) 〈우리 반〉보다는 〈이상한 우리 반〉이라는 제목이 글 내용을 짐작하기 쉬워요.

2 생각을 살짝 숨겨요. 읽는 사람의 호기심을 자극할 수 있어요.

예) 〈학교 폭력 무서워!〉보다는 〈학교에 사는 괴물〉이라는 글에 더 흥미가 생겨요.

3 색다르게 표현해요. 중심 소재를 다른 것에 빗대어 표현하면 더 재미있어요.

예) 〈나는 로봇〉이나 〈오늘은 무지개〉 등의 제목을 보면 내용이 궁금해져요.

1 글쓴이의 중심 생각을 더 잘 담은 제목에 ○표 해요.

> ### 역시 '노력'이야! | 수학 단원평가
>
> 오늘은 수학 단원평가가 있었다. 어려운 단원이었는데, 처음부터 끝까지 집중해서 문제를 풀었다. 평가지를 제출하고 나니 두근거렸다. 선생님께서 평가지를 채점하시고 결과가 발표될 때까지 긴장이 이어졌다. 평가 결과는 예상보다 좋았다. 너무 기뻐서 가슴이 뛰었다. 이번 평가를 통해 노력과 끈기가 얼마나 중요한지 새삼 느꼈다. 앞으로도 수학 공부를 더 열심히 할 것이다.

2 글쓴이의 생각을 살짝 숨긴 제목에 ○표 해요.

> ### 준서야, 미안해 | 눈물 흘리는 피구공
>
> 오늘 피구 시합을 했다. 우리 팀이 뒤처지자 나는 급한 마음에 준서 얼굴을 향해 공을 던졌다. 준서는 아웃되지는 않았지만, 얼굴을 맞고 기분이 나쁘다며 계속 나에게 눈을 흘겼다. 기대하던 시합에 진 것도 모자라 단짝인 준서의 기분을 망친 것 같아서 마음이 계속 좋지 않았다. 난 우물쭈물하다가 사과도 못 하고 집으로 돌아왔다. '준서에게 어떻게 말하면 좋을까?' 너무 걱정되어 잠도 잘 못 잘 것 같다.

3 색다르게 표현한 제목에 ○표 해요.

> ### 롤러코스터 발표 시간 | 떨리는 발표 시간
>
> 원래 나는 부끄럼을 많이 타서 발표를 잘 하지 않는다. 그런데 사회 수업 시간, 가위바위보에서 진 내가 발표를 하게 되었다. 발표할 때가 다가오자 마음이 스마트폰 진동처럼 떨리기 시작했고, 손은 땀으로 가득했다. 하지만 발표가 시작되자 나는 준비한 자료를 활용해서 차분하게 말을 이어갔다. 시간이 지날수록 긴장이 조금씩 가라앉았다. 끝날 때쯤에는 긴장감이 풀려 웃음도 나왔다. 친구들과 선생님이 칭찬과 박수를 보내주어 뿌듯했다. 다음에 또 발표를 하게 된다면 더 잘할 수 있을 것 같다.

쓰기 전에 메모하기

쓰기 전에 어떤 내용을 쓸지 짤막하게 메모를 해 봐요. 막상 글쓰기를 시작하면 쓰려고 한 내용이 기억나지 않을 수도 있고, 내용을 빠트려서 이미 쓴 부분을 싹 지워야 하는 일도 있거든요. 메모하는 습관을 길러 보세요.

>> **메모를 토대로 글을 썼어요. 알맞은 말을 넣어 빈칸을 채워요.**

<수목원 현장 체험 학습>
└→ 바닷가에 있는 큰 숲
① 버스에서 - 짝꿍과 수다 떨기　　　③ 점심 시간 - 엄마표 김밥과 소시지
② 수목원에서 - 숲 해설사 선생님과의 공부　　④ 돌아오는 길 - 곯아떨어짐
　　　(도롱뇽 찾기, 연꽃 관찰)

또 가고 싶어!

올해 봄에 현장 체험 학습으로 바닷가 옆에 있는 큰 숲에 갔다. 마침 버스에서 선우와 [　　　　]이 되어 옆에 앉게 되었다. 가는 내내 신나게 수다를 떨었다.

도착하자마자 수목원에서 [　　　　] 선생님과 숲을 돌아다녔다. 우리는 숨어 있는 [　　　　]을 찾기 위해 이리저리 뛰어다녔지만 결국 실패했다. [　　　　]도 관찰했는데 정말 예뻤다. 꽃잎, 줄기, 뿌리의 모양과 역할에 대해 배울 수 있었다.

점심시간에 먹은 엄마표 [　　　　]은 역시나 맛있었다. 내가 좋아하는 [　　　　]도 있었는데, 친구들이 달라고 해서 나눠 먹었다.

돌아오는 길, 피곤했는지 바로 곯아떨어졌다. 선생님 목소리에 눈을 뜨니 벌써 학교에 도착해 깜짝 놀랐다. 2학기에도 현장 체험 학습을 또 가면 좋겠다.

비법 정리

① **중요한 내용만 써요.**　　간단히 낱말로만 써도 괜찮아요.

② **기호를 활용해요.**　　화살표, 동그라미, 선 등의 기호를 사용하여 알아보기 쉽게 써요.

③ **번호를 붙여요.**　　메모를 어떤 순서로 쓸지 번호를 붙이면 놓치지 않고 쓸 수 있어요.

1 낱말로 쓴 메모를 보고 시를 완성했어요. 빈칸을 채워요.

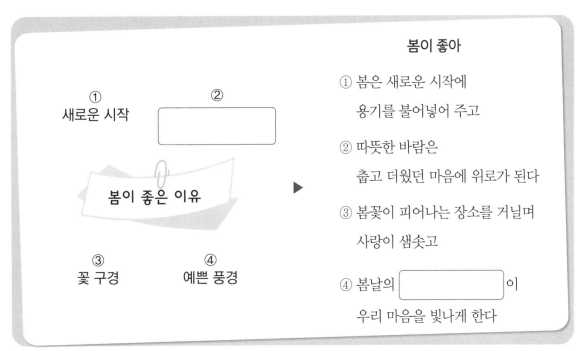

봄이 좋아

① 봄은 새로운 시작에
   용기를 불어넣어 주고

② 따뜻한 바람은
   춥고 더웠던 마음에 위로가 된다

③ 봄꽃이 피어나는 장소를 거닐며
   사랑이 샘솟고

④ 봄날의 [   ]이
   우리 마음을 빛나게 한다

2 기호를 활용해 쓴 메모를 보고 빈칸을 채워 글을 완성해요.

소파 방정환

- 업적 : 아동 문학 집필 → '어린이' 단어 최초 사용
       → 어린이 운동단체 '색동회' 창립 → 1923년, 어린이날을 만듦
- 말 ┌ "어린이는 보호 받아야 하는 존재이다."
     └ "짓밟히고 학대받고 쓸쓸하게 자라는 어린 혼을 구원하자."
- 느낀 점 : 어린이의 행복에 대해 노력해야 한다.

행복한 어린이 세상을 위해

오늘은 어린이날이다. 학교에서 '어린이 문학의 아버지' 소파 방정환 선생님에 관한 영상을 보았다. 아동 문학을 활발히 창작하여 어린이들의 지식과 교양을 높이는 데 이바지한 분이다.

또 최초로 '[   ]'라는 단어를 사용하였으며 어린이 운동단체인 [   ]를 창립하기도 했다. 1923년, 그의 노력으로 [   ]이 제정되었다.

소파 방정환의 말 중에 '어린이는 [   ] 받아야 하는 존재'라는 말이 기억에 남는다. 어른들은 이 말을 떠올리며 어린이들의 행복을 위해 노력해야 할 것이다.

3 메모를 토대로 편지문을 썼어요. 글의 내용을 보고 글쓴이가 어떤 순서로 쓰려고 했는지 알아본 후 메모에 번호를 붙여요.

수학 실력 향상 ☐		친구 문제 해결 ☐
안부 ☐	**감사 편지**	글 쓴 이유 ☐
앞으로의 약속 ☐		꿈 찾기 ☐

○○○ 선생님께

　안녕하세요, 선생님. 정윤서입니다. 잘 지내고 계시죠? 스승의 날이라 선생님 생각이 계속 났어요. 그래서 편지로나마 감사함을 전하고 싶었어요.

　2년 전에 선생님이 안 계셨다면 전 지금 수포자가 되었을 거예요. 매일 방과 후에 한 시간씩 수학 보충 수업을 해 주신 덕분에 지금까지도 어려움 없이 수학 공부를 하고 있어요. 분수 개념이 저한테는 너무 어려웠는데, 선생님께서 몇 번씩이나 다시 설명해 주셔서 결국 이해할 수 있었어요.

　그리고 친구들과 오해 때문에 다투고 힘들었던 시기에, 적극적으로 제 생각을 들어 주시고 위로를 해 주셔서 얼마나 감사했는지 몰라요. 늘 세심히 돌봐 주셔서 감사합니다.

　저는 선생님을 만난 걸 계기로 꿈이 생겼어요. 저도 선생님처럼 초등학교 선생님이 되어서 아이들을 사랑으로 가르치고 싶어요. 선생님 말씀대로 앞으로도 늘 밝고 건강하게 살도록 노력하겠습니다.

　선생님, 감사합니다. 안녕히 계세요.

윤서 올림

비법 ③ 소재와 제재 찾기

 '해양 환경', '인권', '지구 사랑' 등 글감이 정해진 글쓰기 대회가 많아요. 이렇게 글의 내용이 되는 재료를 '소재'라고 하고, 그중 글쓴이가 실제로 사용하는 재료는 '제재'라고 해요. 나만의 글쓰기 재료를 준비해 봐요.

≫ 같은 소재, 다른 제재로 세 가지 글을 썼어요. 빈칸에 알맞은 제재를 써요.

소재	제재	글	주제
동물	우리나라 멸종 위기 동물	오늘날, 동물이 멸종하는 것을 막기 위해 세계 여러 나라에서 많은 노력을 하고 있다. 나라마다 점점 사라지는 동물을 '멸종 위기종'으로 지정하여 보호하기도 한다. 그리고 자연 생태계를 살리기 위해 전 세계적으로 밀렵 단속도 강화했다. 곳곳에 동식물 보호 단체도 생겨나고, 환경 오염을 줄이기 위해 다 함께 노력하고 있다.	동물이 멸종하는 것을 막기 위해 세계 여러 나라에서 노력을 하고 있다
		우리 집에는 '쿠키'라는 이름의 고양이가 산다. 원래 주인이 없는 길고양이였는데, 내가 엄마에게 부탁해서 키우게 되었다. 쿠키는 애교도 많고, 부끄럼도 잘 탄다. 쿠키는 나에게 둘도 없는 친구이다. 내가 숙제로 힘들어할 때 곁에서 위로도 해주고, 심심할 때 같이 놀기도 한다. 그래서 나는 내 친구 쿠키가 있어서 정말 좋다.	내가 키우는 고양이 '쿠키'는 내 소중한 친구다.
		내가 좋아하는 동물은 바로 펭귄이다. 어릴 때는 펭귄이 나오는 만화만 봤고, 지금은 펭귄 캐릭터의 스티커나 인형을 수집한다. 펭귄이 좋은 이유는 여러 가지이다. 귀엽기도 하고, 주인에게 충성하는 모습도 마음에 든다. 내가 어려워하는 수영도 잘하고, 검정색과 흰색이 어우러진 색도 예쁘다.	내가 좋아하는 동물은 펭귄이다.

 비법 정리

1 관심 있는 내용을 써요.   평소 관심이 있는 내용이어야 쓸 내용이 많겠지요?

2 나의 일상생활, 경험과 관련지어 써요.   나만의 특별한 글쓰기를 하기 쉬워요.

1 각 소재로 글을 쓰려고 해요. 소재와 관련된 제재를 더 찾아 쓰고, 가장 관심 있는 것에 ○표 해요.

소재	미래	
제재	미래의 도시	미래의 내 모습

소재	환경오염	
제재	환경오염의 종류	지구 온난화 문제

2 각 소재로 글을 쓰려고 해요. 소재와 관련된 제재를 더 찾아 쓰고, 나만의 경험과 생각을 담을 수 있는 것에 ○표 해요

소재	학교	
제재	학교 폭력 예방	내가 좋아하는 과목

소재	반려동물	
제재	내가 키워 본 반려동물	반려동물을 키울 때 유의점

'주제'는 글쓴이가 말하고자 하는 중심 생각이에요. 제재에 글쓴이의 가치와 생각을 부여한 것이죠. 글쓰기를 시작하기 전에, 나만의 생각을 나타낼 수 있으면서 읽는 사람의 공감을 불러일으키는 주제를 정해 봐요.

>> **아래 글을 읽고, 좋은 주제란 어떤 것일지 내 생각을 써요.**

서원이는 글쓰기 대회에 나갔어요. 제시된 글감은 '미래'였어요. 평소 과학을 좋아하고 아는 것도 많은 서원이의 머릿속에 좋은 제재가 떠올랐죠.

'그래. 미래 과학 기술에 대한 글을 써야겠다.'

그런데 앞이 막막했어요. 어떤 주제로 글을 써야 할지 떠오르지 않았거든요.

'미래 과학 기술에 뭐가 있지? 드론 기술, 전기 자동차, 우주 탐사, 인공지능……'

순간, 선생님께서 말씀해 주신 좋은 주제의 조건이 생각났어요. 많은 사람에게 공감을 얻는 주제가 좋은 거라고 말씀하셨거든요. 공감을 얻기 위해서는 주제가 현실 속 문제와 연관되면 더 좋다고 하셨어요. 서원이는 미래에 해결해야 할 현실 속 문제가 무엇인지 생각해 보았죠.

'미래 과학 기술로 해결해야 하는 문제? 아하, 환경오염!'

서원이는 바로 주제를 이렇게 정했어요.

'미래 과학 기술로 지키는 지구 환경 이야기'

서원이는 미래의 과학 기술이 지구 환경을 지키기 위해 어떻게 이용되는지 상상하여 글을 써 보기로 했어요.

좋은 주제란 _____

비법 정리

1 **독자의 관심을 끌어요.** 흥미롭고 재미있는 이슈를 다루면 더 많은 사람이 읽고 싶겠죠?

2 **구체적이고 명확해야 해요.** 명확한 단 하나의 주제를 가진 글이 좋은 글이에요.

3 **나만의 생각을 담아요.** 아무나 쓸 수 있는 글이 아닌, 나만 쓸 수 있는 특별한 주제가 좋아요.

1 '행복한 학교 생활'이라는 제재로 독자의 흥미를 끌 만한 주제를 찾아 봐요.

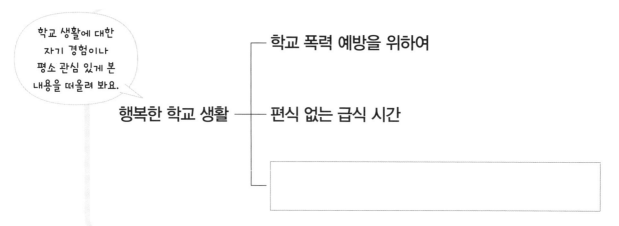

학교 생활에 대한 자기 경험이나 평소 관심 있게 본 내용을 떠올려 봐요.

행복한 학교 생활 ── 학교 폭력 예방을 위하여

── 편식 없는 급식 시간

2 '훌륭한 전통 문화'라는 제재로 좀 더 구체적인 주제를 찾아 봐요.

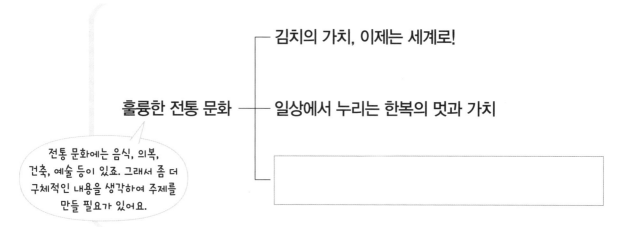

훌륭한 전통 문화 ── 김치의 가치, 이제는 세계로!

── 일상에서 누리는 한복의 멋과 가치

전통 문화에는 음식, 의복, 건축, 예술 등이 있죠. 그래서 좀 더 구체적인 내용을 생각하여 주제를 만들 필요가 있어요.

3 '지구 사랑 실천'이라는 제재로 나만의 아이디어를 담은 주제를 찾아 봐요.

지구 환경을 지키기 위해 우리가 실천할 수 있는 작은 일에서부터 기업, 사회 측면의 노력까지, 많은 주제를 찾을 수 있어요.

지구 사랑 실천 ── 내가 생각하는 지속 가능한 발전이란?

── 우리 가족 지구 사랑 실천 보고서

비법 ⑤   문장부호 활용하기

 문장의 뜻을 잘 이해하기 위해 쓰는 부호를 '문장부호'라고 해요. 잘 활용하면 글이 풍성해지지요. 묻는 문장, 느낌을 나타내는 문장, 실제 대화 등을 적극적으로 사용해 보세요. 훨씬 더 매력적인 글이 될 거예요.

≫ 두 글을 읽고, ㉯에서 새롭게 문장부호를 사용한 곳을 모두 찾아 밑줄을 그어요.

㉮ 가족과 함께 놀이공원에 갔다. 너무 신나서 고함을 질렀다.

형에게 어떤 놀이기구부터 탈 건지 묻자 형은 롤러코스터라고 대답했다. 그래서 우리는 롤러코스터 입구까지 뛰어갔다.

그런데 그 놀이기구는 키가 140cm 이상이어야만 탈 수 있었다. 입구 벽에는 긴 막대 자가 붙어 있었고, 안내하시는 분은 나에게 키를 재야 한다고 말씀하셨다. 막대 자 앞에 서면서, 제발 내 키가 140cm를 넘었으면 좋겠다고 생각했다.

㉯ 가족과 함께 놀이공원에 갔다. '야호!' 나도 모르게 소리가 나왔다.

"형, 어떤 놀이기구 먼저 탈 거야?"

"당연히 롤러코스터지."

형은 기다렸다는 듯 대답했고, 곧이어 우리는 롤러코스터 입구까지 뛰어갔다.

그런데 그 놀이기구는 키가 140cm 이상이어야만 탈 수 있었다. 입구 벽에는 긴 막대 자가 붙어 있었고, 안내하시는 분은 나에게 키를 재야 한다고 말씀하셨다.

'어쩌지? 작년까지는 통과 못했는데. 제발 140cm만 넘어라. 제발.'

막대 자 앞에 서면서 수십 번도 더 기도했다.

 비법 정리

1 속마음을 표현해요.   작은따옴표(' ')로 마음속 생각을 표현하면 전달력이 높아져요.

2 실제 대화를 써요.   큰따옴표(" "), 물음표(?), 느낌표(!)를 사용해 실감 나게 써요.

3 강조해요.   작은따옴표(' ')로 강조하고 싶은 생각을 나타내면 눈에 잘 띄어요.

1 글쓴이의 속마음을 나타낸 ㉠ 부분을 (' '), (…….), (?) 등의 문장부호를 사용하여 다시 써요.

> 3월 2일, 5학년이 시작되는 날이었다. 새로운 선생님과 친구들을 만난다고 생각하니 설레기도 했지만 걱정이 앞섰다. 4학년 때 친했던 친구들 모두 다른 반이 되었기 때문이다. ㉠ 친구를 한 명도 못 사귀어서 1년 동안 혼자서 다니게 될까 봐 불안했다. 한숨이 절로 나왔다. 교실에 들어가면서 어떻게 행동할지 고민이 되었다.

▶

2 두 사람의 대화를 나타낸 ㉡ 부분을 (" "), (?), (.) 등의 문장부호를 사용하여 다시 써요.

> 교실에 들어가니 한 친구가 앉아 있었다. 나만큼 그 친구도 긴장한 듯 보였다. 잠깐이었지만 서로 아무 말도 하지 않았다. ㉡ 나는 어색한 게 싫어서 먼저 인사를 던졌고, 그 친구의 이름도 물어보았다. 그 친구의 이름은 나영이었다. 그 친구는 내 이름이 민경이고 4학년 때 1반이었다는 것도 이미 알고 있었다. 놀랍기도 했고, 기분도 좋았다.

▶

3 두 사람의 대화와 글쓴이가 강조하고 싶은 생각이 나타난 ㉢ 부분을 (" "), (' '), (!), (?) 등의 문장부호를 사용하여 다시 써요.

> 나영이랑 얘기를 해 보니 나랑 잘 맞는 것 같았다. ㉢ 좋아하는 것을 물어보니 아이돌 포토 카드 수집하는 거라고 했다. 나랑 똑같았다. 나는 아이돌 중에서도 특히 아이브를 좋아한다고 말해 주었다. 나영이 덕분에 앞으로 5학년 생활을 즐겁게 할 수 있을 것 같아 기대가 된다.

▶

구조는 튼튼하게

글의 뼈대를 구조라고 불러요. 뼈대가 제대로 되어야 튼튼한 건물이 되는 것처럼, 구조를 어떤 모양으로 할지 정하면 글쓰기가 훨씬 더 쉬워져요. 내 글을 어떤 구조로 적어나갈지 먼저 생각해 보아요.

>> **각 제재로 글을 쓴다면 각각 어떤 구조로 하는 것이 좋을까요? 빈칸에 숫자를 써요.**

① 신나는 현장 체험 학습　　　　② 우리 학교 음식물 쓰레기

③ 내가 좋아하는 아이돌 가수들　　④ 우리 가족

⑤ 한국 음식을 소개합니다　　　　⑥ 개미와 베짱이

⑦ 된장과 청국장　　　　　　　　⑧ 위대한 세종대왕

순서의 흐름대로 글쓰기	□ ⇨ □ ⇨ □	사건의 흐름을 중심으로 글을 쓰는 구조	
원인 · 결과 글쓰기		어떤 일의 원인과 결과를 쓰는 구조	
비교 · 대조 글쓰기		두 가지 대상의 공통점과 차이점을 쓰는 구조	
나열하여 글쓰기		주제에 관한 내용을 하나씩 펼쳐서 나열하는 구조	

 비법 정리

1 **글쓰기 전 구조부터 생각해요.**　어떤 구조가 적합할지 생각해 보고, 위의 예시처럼 이미지로 그려 봐요.

2 **구조에 따라 문단을 구성해요.**　구조에 맞는 내용을 메모한 후, 글의 순서를 정해요.

3 **구조를 생각하며 써요.**　글 쓰는 내내 구조를 염두에 두어야 글이 산만해지지 않아요.

27

1 단짝친구에 대한 글을 쓸 계획이에요. 구조를 보고 알맞은 표현에 ○표 해요.

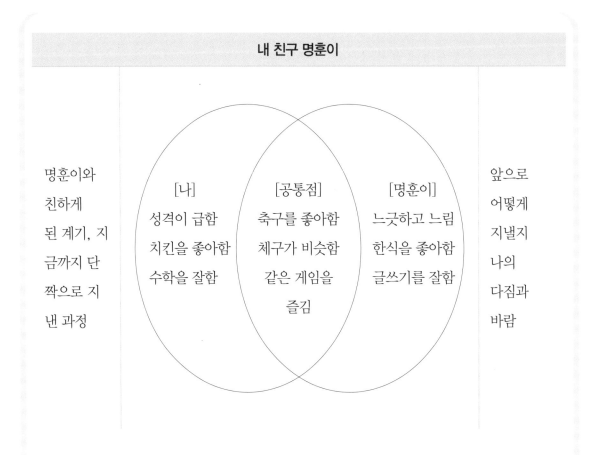

내 친구 명훈이

명훈이와 친하게 된 계기, 지금까지 단짝으로 지낸 과정

[나]
성격이 급함
치킨을 좋아함
수학을 잘함

[공통점]
축구를 좋아함
체구가 비슷함
같은 게임을 즐김

[명훈이]
느긋하고 느림
한식을 좋아함
글쓰기를 잘함

앞으로 어떻게 지낼지 나의 다짐과 바람

▶ 글쓴이는 단짝친구인 명훈이와 나의 공통점과 차이점에 대해 쓰고 싶어서

  원인과 결과 | 비교와 대조 구조를 선택했구나.

▶ 글 전체를 처음, 중간, 끝으로 나눠 쓸 수 있겠어.

2 위 구조에 따라 문단별로 들어갈 내용을 간단히 메모했어요. 빈칸에 알맞은 말을 써요.

		내 친구 명훈이
1	처음	명훈이와 친하게 된 계기, 지금까지 단짝으로 지낸 과정
2	중간	
3		나와 명훈이의 차이점
4	끝	

3 구조를 생각하며 글을 썼어요. 빈칸을 채워 보세요.

내 친구 명훈이

명훈이는 나의 친구이다. 7살 때부터 지금까지 6년째 우리 우정은 한결같다. 방과 후 교실도, 학원도 같이 다녔고, 주말이면 늘 만나서 함께 시간을 보냈다. 그래서 오늘, 둘도 없는 단짝인 명훈이에 대해 생각해 보았다.

명훈이와 나는 둘 다 활달한 성격을 갖고 있다. 축구를 좋아하는 공통점도 있고, 체구도 비슷하며, 같은 게임을 즐긴다. 관심거리가 같으니 수다를 떨어도 마냥 재밌기만 하고, 운동이나 게임을 하면 시간 가는 줄도 모르게 논다.

물론 명훈이와 나는 다른 점도 많다. 명훈이는

_____

_____

우리는 서로를 존중한다. 서로의 공통점으로 좋은 시간을 보낼 때도 있지만 차이 나는 부분에서는 상대를 이해하려고 노력할 뿐 아니라, 서로의 좋은 점을 배우려고 한다. 이래서 우리 사이가 늘 좋을 수 있었던 것 같다. 앞으로도 명훈이와의 우정이 변치 않도록 같이 노력해 나갔으면 좋겠다.

비법 ⑦   비유로 표현하기

 대상을 다른 것에 빗대어 표현하는 것을 '비유'라고 해요. 비유법에는 은유, 직유, 의인법이 있지요. '~같은', '~같이', '~처럼', '~인 양', '~인 듯' 등의 연결어를 사용해 전달하고 싶은 생각을 더 효과적으로 드러내 보아요.

≫ 비유를 사용한 문장을 모두 찾아 밑줄을 그어요.

두려워서 꼼짝 못 하는 모습 = 돌부처	그동안 해 왔던 거짓말들이 오늘 모두 들통났다. 부모님께서 집에 오셨을 때, 난 두려웠다. 그래서 <u>돌부처인 양 꼼짝 않고 서 있었다.</u>
주변의 영향에 흔들리는 마음 = 갈대	학원 숙제가 많은데 친구가 함께 놀자고 했다. 숙제를 안 하면 혼날 것 같았지만 너무 놀고 싶었다. '어떻게 하지?' 갈대처럼 내 마음이 흔들렸다.
예쁜 아기 손 = 단풍잎	예쁜 아기 손같은 단풍잎이 떨어져 있었다. 그중 가장 예쁜 잎을 주워 읽고 있던 책 사이에 꽂았다.
산불로 엉망이 된 마을 모습 = 지옥	산불로 온 마을이 그을렸다. 집집이 '아이고' 울음소리가 들려오는 마을은 검은 지옥이나 다름없었다.

 비법 정리

1 **비슷한 감정을 느낀 상황을 찾아요.**   글쓴이의 감정을 더 생생하게 전달할 수 있어요.

예) 고양이를 안으니 따뜻한 이불속에 있는 것처럼 포근하고 행복했다.

2 **유사한 모습을 찾아요.**   대상과 비슷한 생김새를 가진 것을 찾아 비유하면 더 재미있어요.

예) 하얗고 커다란 구름이 마치 하늘에 떠 있는 솜사탕인 듯하다.

3 **비슷한 분위기의 상황을 찾아요.**   분위기를 더 실감 나게 살릴 수 있어요.

예) 쉬는 시간의 우리 반 교실은 콘서트장같이 시끄럽고 요란하다.

비법 해보기

1 머리에 공을 맞았을 때와 비슷한 감정을 느낀 적이 있었는지 생각해 보고, 비유하는 표현을 넣어 이어지는 문장을 써요.

> 오늘 옆 반이랑 피구 시합을 했다. 공을 피하느라 아주 바빴다. 그때 상대 팀 공이 나의 뒷통수를 가격했다.

2 벚꽃 꽃잎이 흩날리는 모습이 무엇과 비슷한지 생각해 보고, 비유하는 표현을 넣어 이어지는 문장을 써요.

> 3월, 학교 가는 길이었다. 바람이 불자 길의 양옆에 줄지어 선 벚꽃나무에서 꽃잎들이 떨어져 내 머리 위로 흩날렸다.

3 글 속의 상황과 비슷한 분위기의 상황을 떠올려 보고, 비유하는 표현을 넣어 이어지는 문장을 써요.

> 늦은 저녁 집에서 혼자 숙제를 하는데 갑자기 이상한 소리가 들렸다. 창틈으로 바람이 불어 들어와 안방 문도 쾅! 하고 저절로 닫혔다.

비법 ⑧ 경험과 사례 넣기

 '경험'은 자신이 직접 하거나 겪은 일을, '사례'는 어떤 일이 실제로 일어난 예를 뜻해요. 생각을 뒷받침하기 위해 나의 경험, 또는 내가 직접 겪은 일이 아니더라도 실제 있었던 일을 제시하면 훨씬 더 효과적이에요.

≫ 경험이나 사례를 넣어 쓴 글로 알맞은 것을 찾아 선을 이어요.

보거나 들은 사례	㉠ 나는 빨간색을 좋아한다. 최근에 옷을 샀을 때도 빨간색 티셔츠를 고민 없이 골랐고, 책가방도 빨간색으로 사고 싶다며 부모님을 조르기도 했다. 또, 필통도 빨간색, 폰 케이스도 빨간색이다.
신문 기사 및 연구 자료	㉡ 최근 교실에서 여러 가지 인권 문제가 발생하고 있습니다. 키가 작거나 뚱뚱하다고 친구의 외모를 비하하기도 하고, 성격이 마음에 들지 않는다는 이유로 친구를 따돌리거나 피부색이 다른 친구를 소외시키는 일도 있었습니다.
내가 직접 겪은 일	㉢ 물건을 파는 몇몇 사람들이 약속을 지키지 않아서 소비자 피해가 발생한다. 2011년, 인체에 해로운 가습기 살균제를 팔아 많은 소비자가 사망한 일도 있었다.

 비법 정리

1 **실제 경험을 떠올려요.**   직접 겪은 일은 내 생각의 근거로 가장 적절한 재료가 돼요.

2 **보거나 들은 사례를 찾아요.**   실제 사례는 읽는 사람의 흥미를 이끌어내기 좋아요.

3 **신문 기사나 연구 자료를 이용해요.**   정확한 정보가 담긴 글은 보다 설득력을 가져요.

1 앞 문장을 뒷받침할 수 있도록 내가 직접 겪은 일을 몇 가지 넣어 이어지는 문장을 써요.

> 나는 장점이 많은 편이다.

2 앞 문장을 뒷받침할 수 있도록 보거나 들은 사례를 몇 가지 넣어 이어지는 문장을 써요.

> 우리 반 친구들은 선생님께 혼날 행동을 많이 한다.

3 앞 문장을 뒷받침할 수 있도록 제시된 통계자료를 활용하여 이어지는 문장을 써요.

> **[학교 폭력 실태 조사 결과]**
> 학교 폭력을 당했다고 답한 '피해응답률'은 2.1%로 2023년(1.9%)보다 증가하였다. 특히 초등학생의 경우 피해응답률이 4.2%로 매년 증가하고 있는 추세이다. 피해 유형 중에서는 '언어폭력'(39.4%)이 가장 큰 비중을 차지했으며, '신체폭력'과 '집단 따돌림'은 각각 15.5%로 그 뒤를 이었다. 사이버폭력은 6.9%에서 7.4%로 그 비중이 높아졌다. 이 밖에도 학교 폭력은 같은 학교, 같은 학년 사이에서 주로 발생하며 학교 밖보다는 학교 안에서 훨씬 많이 일어나는 것으로 밝혀졌다.

> 학교는 학생들이 꿈을 키우는 공간이다. 하지만 학교 폭력이 학생들의 행복을 위협하고 있다.

'인용'은 글쓴이의 생각을 뒷받침하기 위해 남의 말이나 글을 자신의 글 속에 끌어들이는 것을 의미해요. 주로 속담이나 한자 성어, 명언 등을 인용하지요. 나의 생각에 맞는 속담, 한자 성어, 명언을 찾아보세요.

≫ 무엇을 인용해서 글의 내용을 뒷받침했는지 알맞은 것을 찾아 선을 이어요.

한자 성어 •	• ㉠ 나에게는 다리를 떠는 습관이 있다. 요즘 이 버릇을 고치려고 노력 중이다. '세 살 버릇 여든까지 간다.'라는 말처럼, 지금 고치지 않으면, 나중에 어른이 되어서도 다리를 떨고 있을지도 모른다.
속담 •	• ㉡ 주희는 늘 잘난 척을 해서 많은 친구들이 주희를 별로 좋아하지 않는다. 물론 주희는 수학 문제도 잘 풀고, 운동도 꽤 한다. 하지만 '낭중지추'란 말처럼 재능은 알아서 눈에 띄기 마련이니까, 그냥 가만히 있었으면 좋겠다.
명언 •	• ㉢ '펜은 칼보다 강하다.'라는 말이 있다. 직접적인 폭력보다 생각이나 글, 정보가 사람들에게 더 큰 영향을 끼칠 수 있다는 뜻이다. 그러니 말이나 글로 생각을 표현할 때는 신중해야 한다. 짧은 문장이 엄청난 힘을 발휘할 수 있다는 것을 명심하자.

 비법 정리

1 관련된 속담을 찾아요.   의미를 함축적으로 담아서 표현하면 더 재치있고 매력적인 글이 돼요.

2 관련된 한자 성어를 찾아요.   글의 품격이 높아지고 읽는 사람에게 진지한 인상을 줄 수 있어요.

3 관련된 명언을 찾아요.   유명 인물의 말을 인용하면 내 글의 설득력이 높아져요.

 **비법 해보기**

1 '말'과 관련한 속담 중 하나를 인용하여 '말조심을 하자'는 주제의 글을 완성해요.

• 가는 말이 고와야 오는 말이 곱다. • 말 한마디에 천 냥 빚을 갚는다.	• '아' 다르고 '어' 다르다 • 발 없는 말이 천 리를 간다.

주변 사람들과 좋은 관계를 유지하려면 말조심을 해야 한다.

2 '미리 준비가 되어 있으면 걱정할 것이 없다'는 뜻의 '유비무환'이라는 한자성어를 인용하여 글을 완성해요.

공부는 왜 중요할까? 어른들이 그렇게 공부를 강조하는 데는 이유가 있을 것이다.

3 '독서'와 관련한 명언 중 하나를 인용하여 '독서를 하자'는 주제의 글을 완성해요.

• 좋은 책을 읽는 것은 수많은 고상한 사람과 대화를 나누는 것과 같다. (괴테)	• 책은 위대한 천재가 인류에게 남겨 준 유산이다. (에디슨)

독서는 우리의 지식을 넓혀 주고 상상력을 키워 준다.

글을 다 쓴 후에는 다시 여러 번 읽어 보며 내용과 표현이 어색한 부분을 찾아 고쳐야 해요. 이를 '고쳐쓰기' 또는 '퇴고'라고 하는데, 이 과정은 글의 완성도를 높이기 때문에 매우 중요해요.

≫ 글쓴이가 고친 글을 보고 이 부분을 왜 고쳤을지 생각해 보세요.

우리 반의 쓰레기 문제는 심각하다. 하루에 나오는 쓰레기가 너무 많다. 그래서 쓰레기를 줄여야 한다고 생각한다. 왜냐하면, 쓰레기는 환경을 <u>파괴한다고 해서 줄여야 한다.</u>

<u>하교할 때</u> 교실 바닥을 보면 곳곳에 쓰레기가 많다. 이게 다 <u>나 하나쯤이야</u> 하는 생각 때문이다. <u>왜 친구들은 쓰레기를 버리고 다니는 걸까?</u> 이런 친구들 때문에 우리 지구는 쓰레기 세상이 되고 있다. 쓰레기는 <u>경제</u>에 해로운 영향을 끼친다. 쓰레기에는 자연에서 분해되지 않는 물질과 독성 물질이 많이 포함되어 있어 토양과 바다를 오염시키기 때문이다. <u>그러나</u> 쓰레기를 줄이면 자연과 생태계를 보호할 수 있다.

① 왜냐하면, 쓰레기는 환경을 파괴한다고 해서 줄여야 한다.	→	왜냐하면, 쓰레기는 환경을 <u>파괴하기 때문이다.</u>
② 이게 다 나 하나쯤이야 하는 생각 때문이다.	→	이게 다 <u>'나 하나쯤이야.'</u> 하는 생각 때문이다.
③ 왜 친구들은 쓰레기를 버리고 다니는 걸까?	→	(삭제)
④ 쓰레기는 경제에 해로운 영향을 끼친다.	→	쓰레기는 <u>지구 환경</u>에 해로운 영향을 끼친다.
⑤ 그러나 쓰레기를 줄이면 자연과 생태계를 보호할 수 있다.	→	<u>그러니까</u> 쓰레기를 줄이면 자연과 생태계를 보호할 수 있다.

비법 정리

1 **삭제해요.**   반복된 내용, 주제에서 벗어난 내용, 불필요한 내용은 지워요.

2 **추가해요.**   생각을 뒷받침할 수 있는 내용이나 근거를 넣어 보충해요.

3 **수정해요.**   맞춤법과 문장 호응을 확인하고, 문장부호와 띄어쓰기도 살펴봐요.

1 필요 없거나 반복되는 내용을 모두 찾아 줄을 그어 삭제해요.

> 가족들과 바다에 갔다. 처음에 우리는 물 안으로 들어갔는데, 우리는 너무 차가워 나올 수밖에 없었다. 그래서 물에 들어가기 전에 체조부터 하기로 했다. 동생이 재미있는 동영상을 보여 주어서 영상을 따라 체조를 했다. 너무 힘들어 땀이 뻘뻘 났지만 춤추는 것처럼 재밌기도 해서 계속 체조를 했다. 가족들과 돗자리 위에서 간식도 먹고, 모래로 성도 지었다. 얼마나 열심히 체조를 했는지 힘이 다 빠져 체조만 열심히 했지 정작 물놀이는 별로 하지 못했다. 그래도 바다 체조, 정말 즐거웠다!

2 밑줄 친 부분을 보충하려고 해요. 구체적인 내용을 상상해서 써요.

> 어제 체육 시간, 2반과 피구 경기를 했다. 내가 좋아하는 아이가 그 반에 있어서 멋진 모습을 보여주고 싶었다. 그런데 나는 공을 피하다가 넘어졌다. 무릎에는 피가 났고, 발목을 접질렀는지 시큰시큰했다. <u>그 후로 친구들이 도와주었다.</u>
>
> 많이 창피했지만 내 친구들이 얼마나 다정한지 알게 되어 마음이 따뜻했다.

3 밑줄 친 내용을 바르게 고쳐 써요.

> 어제 혜민이와 싸웠다. 원래 2시에 <u>학교앞에서</u> ▶ [   ]
> 보기로 했었는데, 아무리 기다려도 나오지 않길래 전화했더니 다른 친구와 <u>놀러간</u>
> ▶ [   ] 상황이었다. 한참 뒤에 오더니 <u>잃어버렸다고</u> [   ]
> 웃으며 말하는데, 너무 화가 났다. 나는 큰 소리로 말했다. "넌 사과도 <u>않해</u> ▶
> [   ]?" 그런데 혜민이도 기분이 좋지 않아 보였다. 우리는 서로 말없이 뒤돌아섰다. '너랑 이제 안 놀 거야.'라고 생각하니 눈물이 났다.

II
실전! 글쓰기 대회
시(운문)

시, 어렵게만 느껴지나요?

시를 쉽게 쓰는 방법을 알아보고

내 생각을 꾹꾹 눌러 담아 생생하게 표현해 봐요.

시 쓰기의 정석!

1. 시(운문)란?

'운문'이란 운율이 있는 글이에요. '운율'이란 리듬이 느껴지는 말의 가락을 의미하고요. 운문을 대표하는 것이 바로 '시'죠. 그래서 시를 읽으면 노래 같다는 느낌이 드는 거예요. 시에는 글쓴이의 생각이나 느낌이 리듬감 있는 짧은 말로 표현되어 있어요.

시는 보통 행과 연으로 이루어져 있어요. '행'은 하나의 줄을, '연'은 행이 모여서 이룬 덩어리를 뜻해요. 연은 하나의 의미를 형성해요. 꼭 문단처럼요. 보통 나타내는 장면 또는 내용이 바뀌거나, 음악적 느낌을 표현하기 위해 행과 연을 나누어요.

짧은 말로 내 생각을 음악적으로 표현하는, 시 쓰는 방법에 대해 알아봐요.

2. 시, 이렇게 써요

시 쓰기 전!	표현하고 싶은 생각 정하기

일상 경험 중 기억에 남는 일이 있지요? 슬펐던 일, 즐거웠던 일, 많이 서운한 일, 누군가가 미웠던 일 또는 반성하는 마음이 들었거나 큰 깨달음을 얻은 날 등을 떠올리고, 그중 한 가지를 선택해요.(꼭 그날 있었던 일이 아니어도 돼요.)

시 쓸 때!	리듬감 있게 나타내기

첫째, 생각의 흐름대로 글을 써요. 표현할 내용을 생각해 보고, 연과 행을 각각 몇 개로 나누어 적을지 계획해요.

둘째, 시를 쓸 때는 구구절절 쓰지 않고, 최대한 단순한 문장으로 나타내요. 생각이 바뀌거나 장면이 바뀔 때 연을 다르게 해요. 운율을 살리기 위해 웬만하면 연마다 같은 수의 행으로 구성해요.

셋째, 쓴 글을 보고 리듬감을 점검해요.

시를 쓰고 나서!	보고 또 보고, 고쳐쓰기

시에서는 생각을 그대로 표현하지 않아요. 숨겨서 표현해야 읽는 이의 관심을 더 끌 수 있겠죠? 없어도 생각 전달에 문제가 되지 않는 부분은 과감히 없애고, 다른 낱말로 대체할 수 있는 것은 바꿔 봐요.

3. 운율감 있게 시 쓰기

시를 쓸 때는 운율감, 즉 리듬이 느껴지도록 써야 해요. 여러 가지 방법을 활용해서 운율감 있는 시를 써 봐.

반복하기	운율은 글자 수를 일정하게 하거나 같은 말을 여러 번 반복했을 때 잘 느껴져요.
의성어와 의태어 사용하기	사람과 사물들의 소리나 모양, 그리고 움직임을 묘사하는 표현을 직접 사용하면 생동감 있는 분위기를 만들 수 있어요. 예) '야옹야옹', '꼬르륵', '방실방실'
비유하기	표현하고자 하는 대상을 다른 현상이나 사물의 모습에 빗대어 표현하면 읽는 이들이 그 장면을 더 실감 나게 그려볼 수 있고, 글쓴이의 생각을 보다 잘 이해할 수 있어요. 예) '벚나무가 솜사탕처럼 부풀어', '벚나무가 팝콘이 되었네'
강조하기	글쓴이의 생각을 보다 강하게 드러내면 읽는 이에게 표현하고 싶은 내용을 더 잘 전달할 수 있어요. 예) '교실에 폭풍우가 몰아쳤다.'(과장하기) 예) '꽃이 피었다 내 마음 깊숙이 꽃이 피었다.'(반복하기)

4. 시, 이렇게 쓰면 안 돼요

① 주제 벗어나지 않기

일관된 주제를 가지고 시의 주요 생각이 명확하게 드러나도록 써야 해요. 주제에서 벗어난 행이나 연이 있다면 바로 수정하거나 지워요.

② 있는 그대로 설명하지 않기

산문과 운문(시)의 차이점은 운율이에요. 리듬감이 있어야 하죠. 줄글은 문장을 자유롭게 풀어서 늘어놓기 때문에 운율이 느껴지지 않아요. 일기처럼 생각과 사건을 구구절절 써 내려간다면 시처럼 보이지 않을 거예요. 구체적으로 풀어서 쓰지 않는 것이 중요해요.

③ 군더더기는 생략

시에는 리듬감이 있어요. 하지만 필요 없는 군더더기가 사이사이에 끼어 있다면 이 리듬감은 깨지고 말아요. 없어도 되는 말은 과감하게 지워요.

시 ①   생각 펼치고 모으기

비법 알기

 '생각 그물'은 특정 주제에 대한 자기 생각을 단어나 문장으로 연결하여 펼치는 방법을 의미해요. 이를 활용하면 생각의 연결 구조를 명확히 볼 수 있어서 시를 쓰는 데에 큰 도움이 되죠.

» 생각 그물로 어떤 주제에 대한 생각을 펼친 후 시를 썼어요. 어떤 주제일지 추측해서 가운데에 써요.

생각 그물	많이 하면 안 돼.	내가 가장 좋아하는 취미	엄마에게 혼나는 이유
	계속 하고 싶어.		너무너무 재밌어.
	어쩔 수 없이 하게 돼.	누가 좀 말려 줘!	나도 모르게 또 켜지.

▼

꼭두각시 인형

시로 표현 하기	나는 꼭두각시 인형이다	"게임 재미있지? 더 해!" 어디선가 목소리가 들려온다
	나도 모르게 내 몸이 움직인다	'내가 하려는 게 아니었어.' '쟤가 시켜서 하는 거잖아.'
	눈이 폰을 향하고 손이 폰을 잡는다	나도 어쩔 수 없이 한 건데 또 혼이 난다.
	'안 되는데…….' '정말 안 되는데…….'	인형 줄을 누가 좀 잘라 줬으면 좋겠다

>> '꿈과 노력'을 소재로 생각 그물을 만든 후 그 내용으로 시를 썼어요. 빈칸에 알맞은 말을 써요.

생각 그물	화가가 되고 싶어.	도화지를 보면 기분이 좋아.	매일매일 그림을 그려.	교실보다 운동장이 편해.	공을 쫓아 뛰면 기분이 좋아.	공을 찰 때 정말 신나.
	여유로울 때는 물감으로!	**화가가 될 테야!**	신날 때는 마커로!	책보다 공과 더 친하지.	**축구 선수가 꿈**	훈련이 힘들어도 이겨 낼 거야.
	기분이 별로일 때는 연필로!	생각을 그림으로 옮기면 행복해.	흰 종이에 더 많은 것을 담고 싶어.	매일 축구만 하고 싶어.	게임보다 축구가 재미있어.	내 꿈은 축구 선수!

▼   ▼

시로 표현 하기	**나의 작은 세상** 김지우 매일매일 그림을 그린다 편안할 때는 물감으로 꿈을 그리고 신날 때는 색색 마커로 희망을 그리고 우울할 때는 그저 연필로 괜찮다며 위로를 그린다 내 마음으로 가득한 그림 속에서 난 날갯짓한다 오늘도 난 작은 도화지에 내 세상을 만든다	**달려서 슛!** 김민준 교실보다 운동장이 편해요 책보다는 공과 친하죠 게임보다 뛰는 게 더 신나요 운동장을 가로지르며 꿈을 쫓고 골문을 통과하는 공에 내 꿈은 날아올라요 땀과 상처는 제게 희망일 뿐이에요

지우는 도화지 속 그림을 _____이라고 표현했구나. 민준이는

골문을 통과하는 공을 보며 _____ 에 비유했어.

>> '꿈'에 관한 글을 읽어요.

꿈꾸는 삶

우리에게는 모두 어릴 때부터 마음속 깊이 간직한 꿈이 있어요. 그 꿈은 우리에게 특별한 의미와 열정을 주고, 우리의 인생을 빛나게 만들어 주지요. 즉, 인생은 꿈을 품고 그것을 위해 노력하는 여정이라고 할 수 있어요.

어떤 꿈을 가져야 할까요? 대통령, 판사, CEO 같은 거창한 꿈일 필요는 없어요. 내가 좋아하는 것과 잘할 수 있는 것을 떠올려 보세요. 물론 사회에 도움이 되는 꿈이라면 더욱 좋겠죠?

꿈을 갖는다고 모두 이뤄지지는 않아요. 큰 노력이 필요해요. '고생 끝에 낙이 온다', '공든 탑이 무너지랴'와 같은 옛 속담이 있죠? '무쇠도 갈면 바늘 된다'라는 말도 있어요. 많은 노력이 있어야만 뭔가를 이룰 수 있다는 의미지요.

꿈을 향한 노력에는 인내와 헌신이 꼭 필요해요. 미국의 사회 운동가인 헬렌 켈러는 앤 설리번 선생님의 도움을 받아 세계 최초로 대학 교육을 받은 시각, 청각 장애인이 되었어요. 설리번 선생님은 이렇게 말씀하셨어요.

"시작하고 실패하는 것을 계속해라. 실패할 때마다 무엇인가를 성취하게 될 것이다. 네가 원하는 것은 성취하지 못할지라도, 무엇인가 가치 있는 것을 얻게 될 거다."

이렇듯 꿈을 갖고 노력하는 삶은 풍요롭고 의미 있는 삶이에요. 꿈을 이루지 못한다고 좌절할 필요는 없어요. 노력하는 과정에서 많은 것을 얻을 수 있으니까요. 실패와 마주하더라도 포기하지 않고 다시 일어서 봐요. 그럴 때 우리는 진정한 성취와 자기 만족을 얻을 수 있을 거예요.

여러분은 꿈을 갖고 있나요? 그리고 그것을 위해 노력하고 있어요? 노력은 우리를 변화시키고, 우리의 꿈을 현실로 만들어 줄지도 몰라요. 노력하는 과정에서 생기는 실패도 좋은 경험이 되니 너무 걱정하지 말아요.

아직 꿈이 없어서 고민이라 하더라도 괜찮아요. 지금 해야 하는 일들에 노력을 기울이다 보면 어느 순간 꿈이 생길지도 모르거든요. 자, 한번 자신의 꿈이 무엇인지, 그 꿈에 대해 어떤 생각을 하고 있는지, 얼마나 노력을 기울이고 있는지 마음속을 들여다보세요.

≫ 앞의 글을 바탕으로 '나의 꿈'에 대한 생각을 생각 그물로 정리한 후 그 내용으로 시를 쓴 것을 읽어요.

잘 모르겠어.	난 뭘 하지?	불안해.
잘하는 것도, 좋아하는 것도 아직 없어.	**나의 꿈**	노력하는 친구들이 부러워.
친구들은 축구 선수, 유튜버, 의사가 되겠다고 해.	다들 공부만 하래.	나도 꿈을 갖고 싶어.

▼

꿈을 위한 꿈

서우영

서연이는 방송을 잘해서
유튜버가 꿈이고

나는 잘하는 게 없어서
꿈이 없어

나래는 공부를 잘해서
의사가 꿈이래

나는 좋아하는 게 없어서
꿈이 없어

준우는 공차기를 좋아하니
축구 선수가 꿈이고

아, 아니지.
나에게도 꿈이 있어

지우는 그림 그리기를 좋아하니
웹툰 작가가 꿈이래

좋은 꿈을 갖는 것,
그게 내 꿈이야

▶ 우영이는 아직 꿈이 없다는 것에 대해 불안함을 느꼈어요. 자기가 잘하고 좋아하는 것이 없다고 생각하죠. 그래서 시에 꿈이 있는 친구들을 부러워 하는 마음을 담았어요. 하지만 그럼에도 앞으로 좋은 꿈을 갖는 것이 자신의 꿈이라고 긍정적으로 마무리했지요. 꿈을 위해 꿈꾸는 우영이의 시를 다시 읽어 볼까요?

글쓰기 도전

>> 내가 좋아하는 일을 떠올려 가운데에 쓰고 그와 관련된 생각을 자유롭게 펼쳐요.

아무리 뛰어도 힘이 나.	골을 넣으면 심장이 더 뛰어.	스트레스가 풀리지.
축구가 1순위!	**축구가 좋아!**	더 잘하고 싶어.
땀 나면 개운해.	축구화 사고 싶어!	축구 선수들은 얼마나 좋을까?

>> 주제에 대해 펼친 생각들을 보고 시의 형태로 표현해요.

시간이 빨리 간다.	이것만 하고 싶다.
게임	
신나는 쉬는 시간 같다.	게임 수업은 없나?

▷

게임 수업

게임 수업이 있다면
매일 공부하고 싶겠다

시간도 잘 가고
집중도 잘 되고
매일 학교 가고 싶겠다

룰루 랄라 노래 부르기	따라라 음악 감상
즐겁게 수다를 떨어.	**음악**	세상이 내게 이야기를 들려줘.
세상에 대고 얘기하는 기분	음악은 세상과의 작은 대화야.

▷

음악 세상

생각 그물을 활용하여 '나의 꿈'에 대한 시를 써요.

	나의 꿈	

누군가가
'네 꿈이 뭐야?'라고
묻는다면 어떤 생각이
들어? 떠오르는 생각을
모두 써 봐.

제목과
이름을 써 봐.

생각 그물에 쓴
내용의 순서를 정해 시로
정리해 보자. 시로 옮겨 쓸
때는 군더더기 말들을
제외하고, 최대한 간단하게
표현해야 돼.

필요 없는 말들은
삭제하고, 더 자세하게
묘사할 부분은
첨가해 봐.

다 쓴 글은
다시 읽어 보면서
주제에 맞지 않은 내용이
있는지, 흐름이 자연스러운지
판단해야 해.

시 ②　　줄글을 시로 바꾸기

비법 알기

시를 쓰기 막막할 때는 우선 일기 쓰듯이 줄글을 써 봐요. 그 다음 필요 없는 부분은 빼고 반복되는 말이나 의성어, 의태어를 넣어 음악적인 느낌을 살려 보세요. 훨씬 쉽게 시를 완성할 수 있을 거예요.

>> 줄글을 시로 바꿔 쓴 것을 읽고 빈칸에 알맞은 말을 써요.

	치즈빵	잔소리 방어하기
줄글	학교 수업이 끝나고 배에서 '꼬르륵' 소리가 나서 가방을 뒤져 보니 지갑이 있었다. 학원 가는 길에 큰 편의점이 하나 있는데, 난 그곳을 좋아한다. 내가 좋아하는 간식거리가 널려 있기 때문이다. 마침 시간 여유도 있어서 편의점에 갔다. 나의 최애 간식, 치즈빵이 딱 하나 남아 있었다. 한입 베어 물자 순식간에 녹아 사라졌다. 학원 시간이 다 되었기에 서둘러 먹었다. 　학원에서 마스크를 낀 채 피아노를 치는데 아까 먹은 치즈빵 냄새가 났다. 냄새를 맡으며 피아노를 치니 마치 빵을 먹고 있는 것처럼 기분이 좋아졌다.	나와 엄마는 참 다르다. 나는 지저분하고, 엄마는 깔끔하다. 나는 게으르고, 엄마는 부지런하다. 그래서 내게 엄마의 말씀 대부분은 잔소리일 수밖에 없다. 　하지만 난 잔소리를 방어하는 방법을 알고 있다. 엄마가 내 이름을 부를 때면, 뇌 안에서 잔소리 경보음이 울린다. 난 내가 상처받지 않도록 그 말들을 귀담아듣지 않으려 노력한다. 피아노 연주곡이나 좋아하는 게임을 생각하면서 잔소리가 끝나길 기다린다. 그러면 어느새 잔소리가 멈춘다. 엄마께는 죄송하지만, 엄마와의 평화로운 관계 유지를 위해서 어쩔 수 없다.

▼

	계속 먹는 방법	잔소리 전쟁
시로 표현 하기	학원 가는 길 내가 좋아하는 편의점이 있다 "꼬르륵" 지갑도 있고, 시간도 있고 ☐☐☐☐☐ 을 먹었다 바삭 바삭, 사르르 마스크 속에서 계속 치즈 냄새가 난다 나는 피아노를 치며 치즈빵을 계속 먹는다	엄마가 부른다. "우영!" 아, 또 무얼 잘못했을까? 뇌 안에서 ☐☐☐☐☐ 이 울린다 손가락으로 콩쿠르 연습을 하고 발가락으로 게임을 한다 엄마의 ☐☐☐☐☐ 가 도망간다. 와, 내 승리다

>> '여가 생활'을 소재로 줄글을 쓴 뒤 시로 바꿔 쓴 것을 읽고 빈칸에 알맞은 말을 써요.

	시간이 부족해	내 시간이 필요해
줄글	친구들이 오늘 나에게 집에서 보통 뭘 하냐고 물었다. 난 한 가지로 대답할 수가 없었다. 왜냐하면 너무 많기 때문이다. 그림 그리기, 독서, 음악 감상, 유튜브 영상 촬영, 태권도, 피아노 연주, 만들기 등 셀 수 없을 정도다. 그래서 나는 늘 학교 수업이 끝나기만을 기다린다. '오늘은 집에 가서 어떤 재밌는 것을 해 볼까?'라는 생각을 한다. 　나는 취미 부자라서 다른 친구들보다 행복한 것 같다. 내가 좋아하는 일로 많은 시간을 보내고 있기 때문이다. 그뿐만 아니라, 이것저것 하다 보니 할 줄 아는 것도 많아졌다. 나의 하루가 더 길었으면 좋겠다.	학교 선생님께서 취미에 관해 물어보셨다. 그런데, 아무리 고민해 봐도 잘 모르겠어서 취미가 없다고 말씀드렸다. "중간중간 쉬는 시간에는 뭐하니?" 선생님의 질문에 대해 생각해 보니, 난 보통 쉬는 시간에 일기를 쓰거나, 수학익힘책을 풀고, 학원 숙제를 하고 있었다. 　친구들은 틈틈이 자기 시간을 갖는다는데, 나에게는 정작 내 시간이 없었다. 해야 할 일을 하느라 내가 좋아하고 즐거워하는 것, 취미 생활을 할 시간이 없는 거다. 게임도 하고 싶고, 만화책도 읽고 싶은데…… 나도 다른 친구들처럼 나만의 쉬는 시간이 필요하다. 그럼 훨씬 더 즐거울 것 같다.

▼

	취미 부자 김지우	내 시간이 필요해 김민준
시로 표현 하기	'오늘은 뭘 할까?' 학교를 마치면 생각한다 그림을 그릴까? 책을 읽을까? 음악을 들을까? 영상을 찍을까? 하고픈 일들이 넘쳐나서 나는 부자다	쉬는 시간, 나는 쉬지 못한다 못 쓴 일기를 쓰고 안 푼 수학익힘책도 풀고 게임할 수 있는 보물 같은 내 시간인데 만화책 볼 수 있는 신나는 내 시간인데 하루 종일 쉬는 시간이면 좋겠다 내 시간이면 좋겠다

지우는 취미가 많은 자기 자신을 _____(이)라고 표현했어. 민준이가

말하는 '내 시간'은 _____을 할 수 있는 시간을 의미해.

글쓰기 엿보기

≫ '여가 생활'에 관한 글을 읽어요.

초등학생의 여가 생활[*]

초등학생 시절은 삶의 가장 활기찬 순간 중 하나입니다. 학교에서 공부를 하고 친구들과 놀면서 시간을 보내기도 하지만, 여가 시간을 활용하여 다양한 경험을 쌓으면서 성장할 수 있는 소중한 시기이기도 합니다.

초등학생들은 여가 생활을 통해 자신의 흥미와 재능을 발견할 수 있습니다. 스포츠, 미술, 음악 등 다양한 활동을 해 보면서 본인이 좋아하는 것과 잘하는 것이 무엇인지 알아낼 수 있기 때문입니다. 이는 자아실현으로 이어지는 기회가 되기도 합니다.

또 여가 생활은 창의적으로 사고할 수 있는 힘과 문제 해결 능력을 키워 주기도 합니다. 예를 들어 창작, 과학 실험, 만들기 등의 활동을 하다 보면 자신만의 아이디어를 내어 발전시키는 경험을 하게 됩니다. 이러한 경험을 통해 새로운 아이디어를 만들고, 구체화하고, 문제를 해결하는 능력을 키울 수 있습니다.

여가 생활은 스트레스를 해소하고 정서적인 안정감을 찾는 데에도 도움이 됩니다. 초등학생들은 공부로 인한 압박과 스트레스를 크게 받습니다. 하지만 여가 시간에 흥미와 즐거움을 느낄 수 있는 활동을 함으로써 휴식과 재충전의 시간을 가질 수 있습니다. 특히, 몸을 움직이는 스포츠를 통해 스트레스 해소는 물론 체력까지 기를 수 있습니다.

초등학생들에게 여가 생활은 그저 노는 시간이 아닙니다. 관심사와 재능을 발견하고 발전시킬 기회이자, 창의적 사고와 문제 해결 능력을 키울 수 있는 훈련장이기도 합니다. 다양한 취미 활동을 통해 새로운 친구들을 만나 소통하고 협력하는 경험을 쌓을 수도 있는, 삶을 풍요롭게 만들어 주는 보람찬 시간입니다.

그러므로 초등학생들은 학교 공부뿐만 아니라 여가 생활에도 시간을 충분히 할애해야 합니다. 적절한 여가 활동은 몸과 마음을 재충전하는 데 꼭 필요합니다. 여러 가지 활동을 시도해 본 후 자신에게 맞는 취미와 재능을 발견해 성장해 나갈 수 있다면, 초등학생 시절의 즐겁고 행복한 경험이 될 것입니다.

---

*여가 생활: 일이나 공부에서 벗어난 자유로운 시간에 취미 활동, 운동 등 여러 가지 활동을 하는 것을 말해요. 이 시간을 통해 피로와 스트레스를 풀 수 있을 뿐만 아니라 자기 계발도 할 수 있고, 그 과정에서 꿈을 발견할 수도 있어요.

>> '여가 생활'을 소재로 줄글을 쓴 뒤 시로 바꿔 쓴 것을 읽어요.

학교에서 여가 생활의 의미와 중요성에 대해 배웠다. 그리고 선생님께서 '나에게 여가 시간이 있다면?'이라는 주제로 글쓰기 숙제를 내주셨다.

집에서 공책을 편 채 곰곰이 생각해 보았다.

'시간이 있다면 무얼 해 볼까?'

맛있는 간식을 먹으며 드라마도 보고 싶고, 좋아하는 만화책을 보면서 뒹굴뒹굴하는 것도 괜찮을 것 같다. 유튜브 요리 영상도 따라해 보고 싶고, 태블릿으로 그림이나 웹툰을 그려 보고도 싶다. 아니면 멍하니 하늘만 바라봐도 좋을 것 같다.

'생각만 해도 이렇게 설레는데, 실제로 하면 얼마나 좋을까?'

취미는 우리에게 주어진 선물이다. 여가 시간에 취미 활동을 하면서 즐겁게 웃을 수도 있고 꿈을 키울 수도 있다. 하루하루 숙제와 학원에 얽매여서 이런 소중한 시간을 놓치고 있었던 게 아닌가 하는 생각이 들었다.

나는 이제부터라도 틈틈이 여가 시간에 취미 생활을 하겠다고 다짐했다. 하고 싶은 걸 상상만 하는 게 아니라, 진짜 내가 좋아하는 것을 찾아서 꾸준히 해 볼 것이다.

▼

선 물

서자유

멍하니
하늘도 올려보고

떡하니
바닥에 엎드려 책도 읽고 싶어요

여유 있게
드라마도 보고

신나게
그림도 그리고 싶어요

설레는 일도
좋아하는 일도 하고

꿈도 키우며
더 웃고 싶어요

소중한 내 시간
내게 그런 선물을 줄래요?

▶ 자유는 숙제와 학원에 얽매여 제대로 된 취미를 갖지 못했나 봐요. 그래서 여가 시간에 할 수 있는 좋아하는 일들, 즉 취미를 '선물'이라고 표현하며 앞으로 취미 생활을 할 것을 다짐하고 있어요.

▶ 이 시에는 지은이의 바람과 다짐이 들어가 있어요. '선물을 달라'고 표현을 했지만, 속마음은 그게 아니에요. 자신이 스스로 그 선물을 만들어 보겠다는 다짐을 나타낸 것이지요.

글쓰기 도전

>> 줄글을 시로 표현해요.

선생님께서 여가 시간에 무얼 하는지 물어보셨다. 떠올려 봤더니 나는 항상 멍 때리고 있었다. 아무것도 하지 않고 아무 생각도 하지 않는다. 그 이유를 생각해 보니 첫째, 뇌를 쉬게 하려고 '멍', 둘째, 생각을 멈추려고 '멍', 그리고 셋째, 혼자만의 시간을 갖기 위해 '멍' 하는 것 같다.

멍멍멍	
나는 매일 멍멍멍 한다.	'멍' 생각아, 좀 멈춰
'멍' 뇌야, 이제 좀 쉬렴	'멍' 이제 혼자여도 돼

날씨가 많이 추워졌다. 겨울을 싫어하는 건 아니지만 겨울에는 하루 종일 졸려서 힘들다. 두꺼운 외투 때문인지, 따뜻한 히터 바람 때문인지, 눈꺼풀이 계속 무거워진다.

①오늘 수학 시간, 춥진 않았는데 패딩의 포근함이 좋아서 계속 입고 있었다. 그래서 몸을 움직이는 게 둔했다. 꼭 애벌레가 된 것 같았다.

②슬슬 잠이 왔다. 패딩의 지퍼를 끝까지 올리고 얼굴을 속으로 쑥 넣었다. 코 밑까지 가려졌다. 애벌레는 나비가 되기 전에 번데기 과정을 거친다. ③나중에 쉬는 시간이 되면 신나게 뛰어놀아야 하기 때문에 패딩 안에서 잠깐 웅크리며 쉬는 것이다.

난 이렇게 숨어서 조는 게 너무 좋다. ④특히 지루한 수업 시간에 몰래 조는 건 달콤한 꿀맛이다. 오늘도 애벌레는 번데기가 되어 꿀을 먹는다.

나는 애벌레

①	③
②	④

>> '여가 생활'에 대한 생각을 줄글로 쓴 뒤, 시로 바꿔 써요.

여유 시간에
주로 뭘 하니?
음악 듣기,
그림 그리기, 게임…
네 취미 생활에 대해
일기처럼 줄글로
써 봐.

일기글에는
있었던 일이 구체적으로
드러나면 좋아.
그때의 생각과 느낌도
잘 표현해야겠지?

위에 쓴 글에서
중요한 내용에만 밑줄을
그어 봐. 그리고 밑줄
그은 내용을 행과 연으로
표현하는 거야.
필요 없는 문장은 지우고,
최대한 간단하게!

시로 표현했다면
다시 한번 읽어 봐.
운율이 느껴지도록
반복된 문장을 만들었는지,
노랫말처럼 리듬이 있는지
확인해 보자.

시 ③  의미 함축하기

 비법 알기

시를 들여다 보면, 어떤 낱말에 원래 의미가 아닌 다른 생각을 숨겨 놓곤 해요. 하나의 표현이 여러 가지 뜻을 의미하기도 하고요. 이를 '함축'이라고 해요. 자, 여러분의 생각을 어떤 대상에 숨겨서 표현할지 고민해 봐요.

》 **생각을 함축하여 시로 쓴 것을 읽고 빈칸에 공통으로 들어갈 말을 써요.**

생각	함축	해설
위인전을 읽고 감명을 받아 새로운 꿈을 가지게 되었다.	▷ 별을 보았다	'별'을 '밤하늘에 점의 모습으로 반짝거리는 천체'가 아닌 '마음속에 품은 꿈'이라는 뜻으로 사용했어.

[   ]을 보다

별을 보았다
왜적의 공격에도 흔들리지 않는
거북선의 그에게서

별을 보았다
대한 독립을 희망하는
도시락 속 그에게서

별을 보았다
자연의 아름다움을 담은
초충도의 그녀에게서

별을 보았다
그들의 별을 닮으려는
반짝거리는 나에게서

생각	함축	해설
돌아가신 엄마가 그립다. 하늘에서 늘 나를 지켜 주실 것 같다.	▷ 안녕, 별	하늘에 계신 엄마를 '별'이라고 생각하며 그리워해. '안녕'은 안부를 묻는 인사이기도 하지만 보고 싶다는 뜻도 들어 있어.

안녕, [   ]

오늘 학교에 잘 다녀왔어요
안녕, [   ]

오늘은 즐거운 일들도 많았어요
안녕, [   ]

아, 오늘 엄마 생각이 좀 났어요
안녕, [   ]

그래서 그리웠죠
안녕, [   ]

잘 지내시죠? 전 아주 잘 지내요
안녕, [   ]

매일 이렇게 엄마와 인사하니
정말 행복해요

>> '평화 통일'에 대한 생각을 함축하여 시로 쓴 것을 읽고 빈칸에 알맞은 말을 써요.

생각 함축 하기	생각	남북이 따로따로 나뉘어 있는 것보다 힘을 모아 하나가 되면 훨씬 더 강해질 것이다.	생각	분단국가는 작고, 부족한 상태로 살아야 한다. 통일이 되면 두 배로 커진 만큼 풍족해질 것이다.
		▼		▼
	함축	**비빔밥을 만들자!**	함축	**나누기는 싫어 곱하기가 좋아**
	해설	밥에 각종 나물을 넣고 비벼 먹는 비빔밥은 맛도 좋고 건강한 음식이다. 따로 먹는 것보다 비벼 먹는 게 더 맛있는 것처럼 남북이 따로 있지 말고 함께 섞이자는 의미이다.	해설	나누어 가지면 몫이 그만큼 줄어들고, 반대로 가지고 있는 것을 합하면 늘어난다. 이처럼 남북이 나뉘어 있는 것보다 통일해야 훨씬 더 이롭다는 것을 연산으로 표현했다.

▼   ▼

시로 표현 하기	비빔밥을 만들자! 김지우 콩나물 시금치 같이 먹으면 더 맛있어요 함께니까 더 맛있고 여럿이라 더 건강해요 남과 북도 한데 비비고 살았으면 좋겠어요 남과 북으로 비빔밥을 만들어요	더하기와 곱하기 김민준 뺄셈은 싫어요 줄어들잖아요 나눗셈도 반대예요 내 것이 작아지잖아요 더하기는 좋아요 더 커지고요 곱하기는 더 좋아요 몇 배로 늘잖아요 그런데…… 대한민국은 그 쉬운 걸 모르나 봐요

지우는 통일된 국가를 _____으로 표현했고, 민준이는 크기가 작고 힘도 약한 분단

국가가 _____ 와 _____ 로 힘이 커질 수 있다고 생각했어.

글쓰기 엿보기

≫ '남북통일'에 관한 글을 읽어요.

한반도의 통일 이야기

대한민국은 지구상에 얼마 남지 않은 분단국가예요. 1948년 대한민국과 조선민주주의인민공화국이 탄생하면서 본격적인 분단 시대가 열렸어요. 북위 38선*을 기준으로 남과 북이 다른 정치 체제로 나뉘어 있다가, 1953년 휴전협정에 따라 지금의 휴전선이 만들어졌지요. 1950년 북한의 공격으로 전쟁이 일어난 데다가, 남과 북의 체제가 다르기 때문에 웬만한 먼 나라보다도 못한 사이가 되어 일반적인 왕래조차 자유롭지 못해요.

남북통일은 왜 필요할까요?

경제적으로는 첫째, 국방비를 줄일 수 있어요. 현재 남·북한 모두 국방비에 많은 예산을 사용하고 있어요. 국방비가 줄어들면 다른 곳에 투자할 수 있어 사회가 더 발전할 수 있을 거예요. 둘째, 국제적 위상이 상승해요. 통일이 되면 인구가 늘어나서 노동력이 풍부해지고, 북한의 지하자원과 남한의 기술이 만나 경제가 발전할 수 있기 때문이에요. 셋째, 대륙 진출이 활발해져요. 통일 후 남북한의 철도와 시베리아 횡단 철도가 연결된다면 우리나라는 세계의 물류 중심지가 될 것이 분명해요.

사회적으로도 많은 이점이 있어요. 첫째, 세계 평화에 이바지하죠. 남북한의 대치 상황은 국제 사회에도 긴장감을 유발하기 때문이에요. 둘째, 이산가족 문제가 해결될 뿐 아니라 남북 간 불신 분위기도 완화될 거예요. 남한과 북한의 분단이 지속되면 서로를 비난하고 불신하는 분위기가 더욱더 단단해져 민족 간의 분열을 초래해요.

평화 통일을 위해 우리는 어떤 자세를 지녀야 할까요?

우선, 서로 이해하고 존중하는 태도를 갖추어야 해요. 서로 다른 시스템과 가치관을 이해하려는 자세를 가져야 하지요. 둘째, 대화와 협상을 통해 갈등을 해결하고 협력을 추구해야 해요. 셋째, 교육과 문화 교류를 통해 연대 의식을 높이고, 통일을 지지하는 다음 세대를 기르는 노력을 해야 해요. 양측의 청소년들에게 평화와 협력의 가치를 알려주고, 서로의 역사와 문화를 이해할 수 있도록 문화 교류를 추진하면 좋을 거예요.

---

*38선과 현재의 군사분계선은 다르지만, 한반도 분단에 있어서 차지하는 상징성이 크고 분단의 직접적 원인이었기 때문에 현재까지도 군사분계선을 '38선'이라고 부르기도 해요.

>> '평화 통일'에 대한 생각을 함축하여 시로 쓴 것을 읽어요.

생각
남북을 나누는 선인 38선이 우리 한반도를 아프게 한다. 사라졌으면 좋겠다.

함축	해설
38도는 아파요	38도를 체온이라고 생각한다면, 정상 체온 36.5도에 비해 높아요. 보통 아파서 열이 날 때의 온도지요. 38도는 우리를 아프게 하는 온도이자 한반도를 아프게 만드는 선, 이 두 가지 의미를 지니고 있어요.

38도는 싫어

서나라

'삐리삐리삐'
체온계에
붉은 경고등이 켜졌어요

'헉!'
열이
38도래요

약을 먹고
주사를 맞고
열은 사라졌어요

아,
그래서
한반도도 아픈가 봐요

38도 때문에
우리도
아픈 거예요

한반도의 38도도
약을 먹고
사라지면 좋겠어요

▶ 나라는 남북통일을 바라는 마음을 '38'이라는 숫자에 함축하여 표현하고자 했어요. 1연에서 3연까지는 아플 때 열이 난 상황을 묘사했어요. 38도가 되어 약을 먹고 주사를 맞아서 아픔이 나았지요.
하지만 4연에서 6연까지는 똑같은 38도지만 그와 상반된 상황을 표현했어요. 38도선으로 나뉜 한반도에는 약이나 주사를 주지 못하니 아직도 우리나라는 아픈 상황인 거지요.

글쓰기 도전

>> **함축된 표현을 보고 그 의미를 생각해요.**

달을 먹었다

달을 먹었다

쿵쿵 코를 대고
호호 입김을 내서
앙앙 한입 베어 물었다

달을 먹었다
달님 아래
엄마가 주신 사랑을 안고
참 맛있게도 먹었다

'달을 먹었다'의 의미는 무엇일까? 정답은 없어. 네가 생각한 건 모두 정답이란다.

이 시의 지은이는 엄마가 정성껏 만들어 주신 달 모양 팬케이크를 먹으며 사랑을 느낀 건 아닐까? 늦은 저녁(달님이 떠 있는 시각)에 간식을 먹으며 즐겁고 행복했던 기억을 시로 표현한 거지.

그렇다면 이 시에서 '달'은 팬케이크뿐만 아니라 엄마의 사랑을 함축적으로 담고 있는 존재이기도 할 거야.

>> **위 예시처럼 함축된 표현을 사용해 시를 써요.**

내가 먹었던 간식	떡볶이
느낌①	너무 매워서 눈물이 났다. 화난 엄마 기분 같았다.
느낌②	그런데 오늘 먹은 떡볶이는 맵지 않았다. 달콤했다. 엄마가 칭찬해주는 것 같았다.
맵다/달콤하다, 기분이 나쁘다/좋다, 혼난다/칭찬 듣다… 이처럼 상반되는 두 가지 개념을 모두 나타낼 수 있는 대상에는 무엇이 있을까?	
내가 만든 함축적 표현 (예. 엄마의 꾸중과 칭찬, 내 기분 등)	

떡볶이 한 입
아, 매워! 눈물 나

떡볶이 한 입
아, 달콤해! 웃음 나

오늘은

         날!
떡볶이 왕창 주세요!

>> '평화 통일을 하자'는 생각을 함축하여 표현하고, 시로 써요.

함축하여 표현하기

생각	함축

▶

통일을 왜 해야
하는지 네 생각을 써
볼래? 그리고 그 생각을
어떻게 다른 말 속에
함축하여 숨겨 놓을지
고민해 봐. 낱말도
좋고, 문장도 좋아.

함축한 내용을 포함해
시로 옮겨 써 봐.
운율을 살리기 위해
말을 반복하거나 흉내 내는
말을 사용해도 좋아.

다 쓴 글은 다시 읽으면서
주제에 맞지 않은 내용은
없는지, 흐름이 자연스러운지
판단해야 해.

시 ④ 비유 활용하기

 비법 알기

시에서는 내 생각을 다른 대상에 빗대어 표현하는 '비유'를 많이 활용해요. 비유에는 직유(~처럼, ~같이), 은유(~ 은 ~이다), 의인(사람이 아닌 것을 사람에 빗대어 나타냄) 등 여러 방법이 있지요.

≫ 글쓴이의 생각을 무엇에 빗대어 나타냈는지 보고, 빈칸에 알맞은 말을 써요.

대상	비유(직유)	공통점
달	전구같이 밝은 달	어둠을 밝게 비추어 준다.
	네 얼굴같이 둥근 달	친구 얼굴처럼 동그랗다.
	내 마음같이 재밌는 달	변덕쟁이 내 마음처럼 모양이 바뀐다.

달 달 달

[   ] 같이 밝은 달
온 세상을 비춰요

네 얼굴같이 둥근 달
예쁜 웃음이 사랑스러워요

[   ] 같이 재밌는 달
이 모양 저 모양 매일 바뀌어요

늘 곁에 있는 달 달 달
내 친구예요

대상	비유(은유)	공통점
교실	물결치는 바다	수업 중 열기는 요동치는 물결과 비슷하다.
	꽃으로 가득한 동산	배우며 지식을 쌓는 일은 결실을 보는 꽃과 비슷하다.
	세상으로 나가는 문	작은 사회를 경험하는 교실은 세상으로 나가기 전 꼭 거쳐야 하는 곳이다.

교실 세상

교실은 [   ]
물결을 타고 항해한다
지식의 파도에 맞서 노력하며
꿈을 향해 노를 젓는다

교실은 상상이 꽃피는 동산
예술의 꽃들이 피어나고,
과학의 씨앗들이 싹튼다.
수학과 역사의 꽃다발을 들고 춤을 춘다

교실은 언제나 열려 있는 문
문 너머 새로운 세계를 기다린다
한 걸음 한 걸음
바다로 나아가는 문을 향한다

오늘도 우리는 교실 세상에서
물결을 타고
꽃 춤을 추며
문을 향해 걸어 나간다

‘나라 사랑’을 소재로 비유를 활용한 시를 썼어요. 빈칸에 알맞은 말을 써요.

비유하여 표현하기	대상	독립운동가	대상	호국 보훈의 달, 6월
	▼		▼	
	비유(은유)	불꽃	비유(은유)	봄
	설명	자유로운 미래를 위한 독립운동가들의 열망을 불꽃으로 비유하여 나타냈다.	설명	6월은 실제로는 여름이다. 하지만 평화로운 세상을 위해 땅을 일구고 꽃을 피웠던 6월의 역사를 살펴보면 마치 봄 같다.

▼   ▼

시로 표현하기	불꽃	6월
	김지우	김민준
	불빛 하나 없는 깜깜한 곳에 작은 불씨가 일었다	6월은 봄같다 평화의 씨를 뿌린
	바람이 불어도 불꽃은 춤을 추고	6월은 봄같다 자유의 싹을 틔운
	모른 척하려 해도 뜨거운 열기는 한가득하다	6월은 봄같다 애국의 꽃이 핀
	불붙은 불꽃은 쉴 틈 없이 커지고 암울한 어둠을 밝힌다	6월은 봄같다 자유와 희망의 꽃동산을 만든
	독립의 불꽃은 희망의 씨앗	
	그 씨앗이 우리 미래를 꽃피운다	

지우는 독립운동가들의 뜨거운 열망을 _____ 에 빗대어 표현했고, 민준이는 6월이

평화를 만들기 시작한 달이이서 _____ 이라고 표현했구나.

≫ '독립운동가 윤동주'에 관한 글을 읽어요.

독립운동가, 윤동주

『하늘과 바람과 별과 시』라는 시집을 낸 시인은 누구일까요? 바로 일제강점기에 활동한 조선인 시인이자 독립운동가, 윤동주예요.

윤동주는 1917년, 간도의 명동촌에서 태어났어요. 명동 소학교에 입학한 아홉 살의 윤동주는 국어 시간을 특히 좋아했어요. 교과서에 나오는 동시를 비롯해 글 대부분을 외우다시피 했지요. 그러나 일본어 성적은 좋지 않았어요.

"동주야! 사실 나도 일본어를 가르치는 게 좋지만은 않다. 그렇지만 우리가 힘을 키워서 독립하려면 신학문을 배워야 해. 신학문은 대부분 일본어로 되어 있거든."

선생님의 말씀을 듣고서 윤동주도, 다른 친구들도 고개를 끄덕였어요.

어느 날, 시를 좋아하는 윤동주에게 친구가 이렇게 말했어요.

"동주야, 나라를 빼앗긴 우리 민족의 아픔과 독립 의지를 시로 남겨 봐. 그건 직접 총 들고 싸우는 독립운동만큼이나 중요하다고 생각해."

열심히 공부한 윤동주는 연희전문학교(지금의 연세대학교)에 입학했어요. 여러 교수님의 강의를 들으며 일본에 대한 저항 의식을 키웠지요. 강의가 없을 때면 윤동주는 잔디밭이나 빈 강의실에서 친구들과 '어떻게 하면 빼앗긴 나라를 되찾을 수 있을까?'에 대해 토론했어요.

일본의 식민지가 된 조국의 어두운 현실에 윤동주는 크게 실망했지만, 한편으로는 한글로 시 짓는 일에 더욱 몰두했어요. 4학년이 된 윤동주는 한 해 동안 '무서운 시간', '십자가', '돌아와 보는 밤', '별 헤는 밤' 등 여러 편의 시를 지었어요.

'졸업 기념으로 지금까지 지은 시를 모아 시집을 내야겠다.'

1941년 연희전문학교 졸업을 앞둔 윤동주는 '서시'를 포함해 그동안 쓴 시 19편을 묶어『하늘과 바람과 별과 시』라는 제목으로 원고 묶음을 만들었어요. 하지만 일제의 검열이 심해 출판을 미룰 수밖에 없었어요.

학교를 졸업한 윤동주는 폭넓게 세상을 접하고 더 많은 것을 배우기 위해 일본 유학을 떠났어요. 이곳에서 윤동주는 한국인 청년들을 전쟁터로 끌고 가려는 일제를 비판하며 저항 정신이 담긴 시들을 발표했어요. 그리고 민족의 문화를 발전시키는 가장 빠른 길은 바로 독립이라고 생각했지요.

1943년 7월 윤동주는 가족이 있는 고향으로 돌아갈 준비를 하다가 일본 형사들에게 잡혀 갔어요. 일본 경찰의 감시를 받아 왔던 윤동주는 교토지방재판소에서 독립운동을 했다는 죄로 2년 형을 선고받았고, 후쿠오카 형무소에서 감옥살이를 하게 되었어요. 1945년 2월 16일, 윤동주는 29세라는 젊은 나이에 일본에 있는 감옥에서 허망하게 세상을 떠났어요.

>> '독립운동가 윤동주'에 대한 생각을 다른 대상에 비유하여 표현한 후 시로 쓴 것을 읽어요.

대상	비유(은유)	설명
윤동주 ▶	슬픈 달님	깜깜한 하늘에 떠 있는 별(독립)에 닿을 수 없어 그리워만 하는 달님으로 나타냈다.
	서러운 새	날개를 잃어 뜻대로 날 수 없는 새로 표현했다.
	빛 잃은 반딧불이	무력감에 우울한 상태를 빛을 잃어 가는 반딧불이로 표현했다.

윤동주

서주영

당신은 슬픈 달님이오
멀리 있는 별에 닿을 수 없어
오늘도 슬프다오

당신은 서러운 새요
날개를 잃어
오늘도 저곳을 날 수 없다오

당신은 무력한 반딧불이오
빛이 희미해져
아무데도 밝힐 수 없다오

당신은 하늘과 바람과 별이오
우리 곁에
늘 있다오

▶ 주영이는 1, 2, 3연에서 윤동주를 각각 달님, 새, 반딧불이에 비유했어요. '당신은 ~요'라는 은유적인 표현을 사용하여 당시 윤동주가 어떤 상태였는지, 어떤 심정이었을지를 효과적으로 나타냈지요.
▶ 슬프고, 서럽고, 빛을 잃은 존재로 비유되던 윤동주는 4연에서는 항상 우리 곁에 있는 하늘, 바람, 별이 돼요. 생전에 고통스럽게 독립운동을 하다 억울하게 죽음을 맞았지만, 지금은 뛰어난 시로 우리에게 울림을 주는 그를 아름다운 자연물에 비유했네요.

글쓰기 도전

>> 비유를 사용한 표현과 그 의미를 읽어요.

황금같은 시간	▷	시간은 우리가 아껴 써야 하는 소중한 것이야. 그래서 귀한 황금에 비유했지.
너는 갈대	▷	넌 마음이 이쪽으로 저쪽으로 잘 흔들리는 것 같아. 갈대도 그렇잖아. 작은 바람에도 흔들리고. 그래서 너는 갈대라고 표현했어.
손 흔드는 나무	▷	등산을 하다 너무 힘들어서 고개를 든 순간, 나뭇가지가 바람에 흔들리는 모습이 꼭 얼른 힘내서 오라고 손짓하는 것처럼 느껴졌어.

>> 비유를 활용해서 시를 써요.

우리에게 즐거움을 주고 사라지는
아름다운 꽃을 떠올려 보세요.
그 꽃 이름을 넣어 독립운동가에게
하고 싶은 말을 시로 써 봐요.

▼

잊지 않을게요

꽃을

분단된 한반도의 입장이 되어 보세요.
한 몸인데 나뉘어서 많이 아픈 땅이
우리에게 하고 싶은 말이 뭘까요?
시로 써 봐요.

▼

>> '독립운동가'에 대한 마음을 다른 대상에 비유하여 표현한 후 시로 써요.

대상	비유	설명
▶		

독립운동가 중 한 분을 정한 후, 그 분을 무엇에 빗댈 수 있을지 생각해 봐. 직유, 은유, 의인의 세 가지 방법 중 하나를 사용해.

비유하는 표현을 사용해서 그 독립운동가에 관한 시를 써 봐. 줄글처럼 설명하듯 적지 않는 게 중요해. 중요한 문장을 쓰되, 운율이 느껴지도록 하는 거야.

시 ⑤ 반전 노리기

 비법 알기

시를 쓸 때, 일부러 말하고 싶은 내용과 반대로 말하다가 마지막에 진짜 하고 싶은 이야기를 하는 '반전' 기법을 쓰기도 해요. 훨씬 긴장감이 느껴지고, 의미를 더 강하게 전달할 수 있지요.

>> 반전을 활용해 쓴 시를 읽고, 빈칸에 알맞은 말을 써요.

생각	전개	반전
사랑은 나누면 더 커진다.	간식을 나누어 먹으면 점점 내 몫이 작아져서 싫다.	**위로와 애정은 나눴는데도 더 커졌다.**

사랑 나누기

테이블에 앉았다
한 명씩 늘어나니
내 공간이 사라진다

빵을 먹는다
하나둘 모여드니
내 것이 줄어들었다

우유를 먹는다
여럿이 줄을 지으니
이젠 삼킬 것도 없다

그런데,
참 이상하지?
마음만은 곱절이 되었다

생각	전개	반전
떨어지는 벚꽃잎이 꼭 눈같다.	눈이 와서 장갑을 끼고, 목도리를 하고 눈 구경을 하러 나갔다.	**눈이 아니라 벚꽃잎이었다.**

봄 눈

창밖에
[   ] 이 내린다

장갑을 끼고
목도리를 하고

외투를 입고
장화를 신고

어, 아니다
한 점 [   ] 이었다

장갑을 빼고
목도리를 풀고

외투를 벗고
장화를 갈아 신고

‘가족’을 소재로 반전을 활용해 쓴 시를 읽고, 빈칸에 알맞은 말을 써요.

반전 하기	생각	미운 짓도 많이 하지만 그래도 내 동생이 제일 좋다.	생각	투박하고 거친 엄마 손, 그 어느 것보다 아름답다.
	전개	동생의 미운 행동들	전개	못난 엄마 손
		▼		▼
	반전	그래도 난 동생 편	반전	제일 좋은 손

▼   ▼

시로 표현 하기	<div align="center">**내 동생** 김지우 내 물건에 휘리리릭 맘대로 손대고 내 일을 엉망진창 방해하고 내 받을 사랑을 밉살맞게 훔쳐 가고 이런 내 동생 누가 좀 데려가지! 으아아앙 진우야, 왜? 누가 때렸어? 야, 내 동생 건들지 마 내 하나뿐인 동생인데 감히?</div>	<div align="center">**엄마 손** 김민준 우둘투둘 밥 짓는 못난 손 푸석푸석 빨래 개는 서러운 손 까끌까끌 걸레질하는 조용한 손 이 손은 세상에서 가장 아름답지 엄마 손 때문에 나는 살고 살고 또 살지</div>

 지우의 시는 _____을 미워하면서도 아끼는 마음을 표현했고, 민준이는 엄마의

_____을 보며 세상에서 가장 _____고 표현했구나.

**글쓰기 엿보기**

>> '가정의 달'에 관한 글을 읽어요.

5월은 가정의 달

5월에는 가족과 관련된 행사가 많아, 흔히 5월을 '가정의 달'이라고 부릅니다. 5월 1일 '근로자의 날'부터 어린이날(5일), 어버이날(8일), 스승의 날(15일), 성년의 날(16일), 부부의 날(21일) 등, 소중하고 고마운 사람들에 대해 생각해 보고 마음을 전할 기회가 많은 달이지요. 그런데 언제부터 5월이 '가정의 달'이 된 걸까요? 5월을 '가정의 달'이라고 부르는 건 우리나라뿐만 아니라 세계 다른 나라들도 마찬가지일까요?

5월 15일을 우리나라에서는 '스승의 날'로 생각하지만, 이 날은 '세계 가정의 날'이기도 합니다. 1993년, UN이 가정의 중요성을 널리 알리고 '모든 사회 구성원들이 건강한 가정을 만들기 위해 적극적으로 참여하자'는 취지로 이 날을 제정했지요. 이후 전 세계 여러 국가들이 5월 15일을 가정의 날로 기념하고 있습니다. 우리나라도 1994년부터 '세계 가정의 날' 기념 행사를 시작했고, 2004년 2월에는 '건강가정기본법'에 따라 세계 가정의 날을 법정기념일로 지정하게 되었습니다.

어린이날은 어떨까요? 매년 5월 5일은 미래의 주역인 어린이들이 바르고 아름답고 씩씩하게 자라날 수 있도록 어린이들에게 꿈과 희망을 심어주고자 제정한 기념일입니다. 3·1운동 이후 소파 방정환과 일본 유학생들이 어린이들의 인권을 위한 색동회라는 모임을 만들었어요. 이후 1923년 5월 1일, 색동회를 중심으로 어린이날 선언을 하고 첫 기념 행사를 치르면서 비로소 어린이날이 시작되었지요.

한편, 어버이날은 부모님을 위해 지정된 날이에요. 부모님의 사랑에 감사하고, 어른과 노인을 공경하는 마음을 가지기 위해 제정되었지요. 1956년에는 5월 8일을 '어머니날'로 지정했어요. 그러다가 '아버지의 날'이 거론되어, 1973년에 '어버이날'로 명칭을 바꾸어 현재까지 지속되어 오고 있는 거예요.

이렇게 5월은 가족과 고마운 사람들을 생각하고, 감사의 마음을 전할 수 있는 달이에요. 따뜻한 마음을 나누며 서로를 더욱 소중히 여길 수 있게 되지요. 5월이 되면 한 달 동안 가정의 소중함과 가족의 의미를 되새기면서, 곁에 있는 가족들에게 사랑을 표현해 보면 어떨까요?

>> '가족'을 소재로 반전을 활용해 쓴 시를 읽어요.

생각	전개	반전
가족은 정말 소중하다. 그동안 익숙해서 그 소중함을 모르고 살았다. 앞으로 잊지 않고 가족에게 잘 해야겠다.	엄마가 내가 좋아하는 음식을 해 주시는 것, 아빠가 맛있는 음식을 나에게 양보해 주시는 것, 오빠가 나 대신 혼나는 건 당연한 일이었다.	어느 하나도 당연한 것은 없었다. 가족 모두의 애틋한 배려였고, 희생이었다.

내게 당연한 것들

오주영

당연한 줄 알았어
내 반찬을 만드는 엄마가

당연한 줄 알았지
아빠가 내게 양보하는 게

정말 당연한 줄 알았어
오빠가 나 대신 혼나는 게

그런데,
있잖아

아무것도
당연한 건 없었어

사라지니까
이제 알겠더라

▶ 주영이는 가족에게 고마운 마음을 표현하고 싶었어요. 하지만 바로 고맙다고 쓰지 않았죠. 1~3연까지는 일부러 가족의 행동을 나열하며 당연하다고 하다가, '당연한 건 없었어'라며 그동안의 생각을 후회하고 있다는 마음을 표현했어요.
이렇게 생각을 직접적으로 말하지 않고 마지막에 반전 기법으로 표현하면 마음을 더 잘 전달할 수 있어요.

글쓰기 도전

» 반전을 활용한 '우리 선생님'에 대한 시를 읽어요.

우리 선생님	
미운 점	**좋은 점**
• 시끄럽거나 청소가 덜 됐다고 혼낼 때 눈빛이 무섭다. • 수업 시간에 잔소리를 많이 해서 귀가 따갑고 발표를 억지로 시킨다.	• 어느새 내가 집중 잘하고 깔끔한 아이가 되었다. • 발표를 자신 있게 할 수 있게 되었다.

우리 선생님

'찌릿' 매서운 눈	'찌릿' 수업에 집중도 잘하고
'주절주절' 지루한 말	'주절주절' 이제 발표도 잘한다
그 눈빛과 말이 날 괴롭힌다고 생각했다	선생님 고맙습니다

» '독서의 좋은 점'을 쓰고, 반전을 활용하여 시를 써요.

독 서
싫은 점
• 재미없고 지루하다. • 더 재미있는 걸 하지 못한다.

▼

그래도 책과 함께 놀아야 했다.

▼

좋은 점

책과 함께

뭐?
놀아달라고?
넌 재미없고 지루하잖아.

알겠어!
알겠다고!
놀면 될 거 아니야?

어? 이상하다

» '가족'을 소재로 반전을 활용해 시를 써요.

생각	전개		반전
		▷	

가족들 한 명 한 명을 떠올리며 그동안 잘못 생각했던 부분, 오해했던 부분을 생각해 봐.

가족에 대해 오해한 내용으로 시를 써 봐. 모든 가족 구성원들에 대한 마음을 한 연씩 표현하면 좋을 것 같아.

처음에는 부정적인 마음을 담아 시를 써. 마지막 2~3개 연에는 실제 속마음을 담는 거지. 그렇게 반전이 있는 시를 만들어 봐.

III

실전! 글쓰기 대회
생활문

생활문 쓰는 방법을 익히고

나의 경험을 다른 사람에게 이야기하듯이

재미있고 실감 나게 써 보세요.

생활문 쓰기의 정석!

1. 생활문이란?

생활문은 생활 속 경험을 담은 글이에요. 그날 있었던 일을 쓴 일기글, 그날이 아니더라도 그동안 경험해 온 이야기를 쓴 글 모두 생활문이에요. 생활문을 쓰는 이유는 글쓴이의 경험과 생각을 글로 녹여 읽는 사람과 나누기 위해서예요. 재미와 감동뿐 아니라, 경험 속 성찰이 있는 글인 생활문을 잘 쓰는 방법에 대해 알아봐요.

2. 생활문, 이렇게 써요

| 생활문 쓰기 전! | 표현하고 싶은 경험과 주제 생각하기 |

일상 경험 중 기억에 남는 일이 있지요? 슬펐던 일, 즐거웠던 일, 많이 서운한 일, 누군가가 미웠던 일 또는 반성하는 마음이 들었거나 큰 깨달음을 얻은 날 등을 떠올리고, 그중 한 가지를 선택해요.(꼭 그날 있었던 일이 아니어도 돼요.)

| 생활문 쓸 때! | 단계에 따라 글쓰기 |

기, 승, 전, 결의 4단계로 쓰되, 각 부분은 자기의 경험(사건)으로 일관성 있게 연결되어야 해요. 그리고 그 사건은 내가 전하고자 하는 주제를 담고 있어야 하죠. 단계별로 각각 1문단 이상씩 쓰면 좋아요.

| 생활문을 쓰고 나서! | 보고 또 보고, 고쳐쓰기 |

다 쓴 후에도 몇 번 더 읽으며 고쳐요. 정확한 문장과 맞춤법을 썼는지, 반복된 문장은 없는지, 중심 사건에서 벗어나는 내용은 없는지 등을 여러 번 검토하고 고쳐 써요.

▶기, 승, 전, 결이란?

모든 재미있는 이야기는 다음 4단계로 구성되어 있어요. 이 4단계에 맞게 글을 쓰는 연습을 해요.

기	사건이 시작돼요.
승	사건이 문제 없이 이어져 나가요.
전	인물 간 갈등이 생기고, 문제가 발생하여 긴장이 고조돼요.
결	갈등이 해결되고, 사건이 마무리돼요.

전개과정		글쓰기 예시
처음	기	학교 미술 시간에 있었던 일이다. 미술 시간을 제일 좋아하는 나는, 오늘은 어떤 주제로 활동할지 궁금했다. 예쁜 색연필과 수채화 도구들을 준비하니 나도 모르게 설렜다.
가운데	승	오늘의 수업 주제는 '자연의 아름다움'이었다. 나는 곧바로 머릿속에 떠오른 풍경을 그리기로 했다. 녹색과 청색을 이용해서 산과 강을 표현했다. 생동감 있는 그림을 그리려고 아주 애를 썼다.
	전	하지만 그림은 생각한 대로 잘 그려지지 않았다. 풍경의 비율과 원근감을 표현하는 것이 어려웠다. 친구들은 이미 멋진 작품을 완성하고 있었는데, 나는 막힌 상태였다. 자신감이 떨어지고 좌절했다. 결국, 눈물까지 났다.
끝	결	선생님은 그런 나를 보고 계시다가 어떻게 그림을 발전시킬 수 있는지 가르쳐 주셨다. 나는 선생님의 도움으로 그림을 고쳐 나갔다. 노력한 만큼 점차 그림이 완성되어 갔다. 어려워서 실패할 것 같아도 포기하지 않고 끝까지 노력하면 무엇이든 이룰 수 있다는 것을 깨달았다.

3. 생활문, 이렇게 쓰면 안 돼요

① 설명하는 말은 적게

상황을 설명하는 내용이 주를 이루면 지루해져요. 설명하는 말보다는 글쓴이의 생각이나 다양한 문장부호를 활용해 생생하게 묘사된 부분이 많아야 재미있어요.

② 중심 사건에서 벗어나지 않기

한 가지 중요한 사건을 중심으로 쓰는 것이 중요해요. 기, 승, 전, 결의 4단계에 맞추어 중심 사건을 흐름에 맞게 쓰되, 필요하지 않은 사건들은 생략해요.

③ 글쓴이의 생각은 필수

곳곳에 글쓴이의 생각이 들어가야 읽는 사람이 글쓴이의 경험을 공감할 수 있어요.

글쓰기 주제
학교 생활

 비법 알기

내 경험을 쓴 글이 다른 사람의 공감을 얻기 위해서는 어떻게 해야 할까요? 읽는 사람이 내가 한 경험을 실제로 한 것처럼 느낄 수 있도록 최대한 자세히 표현하면 좋겠지요. 이를 위해서는 내가 실제로 했던 생각이나 대화 내용을 따옴표를 활용하여 나타내면 좋아요. 훨씬 더 실감 나는 글이 될 거예요.

>> **칭찬 받은 경험을 쓴 글이에요. 빈칸에 알맞은 대사를 상상하여 써요.**

경험	실감 나게 표현할 내용
원래 글쓰기를 싫어했는데, 선생님의 칭찬으로 글쓰기가 좋아져 작가라는 꿈을 키우게 되었다.	선생님이 칭찬하는 장면

　　어느 날, 선생님께서 엉망인 내 글을 보시고는 "좀 더 생각을 담아서 써 볼래?"라고 말씀하셨다. 나는 상황을 피하고 싶어서 "어떻게 쓰는지 몰라요. 선생님."이라고 말씀드렸다. 그런데 선생님께서는 그날부터 나에게 조금씩 글 쓰는 방법을 알려 주셨다. 처음에는 어쩔 수 없다고 생각하며 글쓰기를 했지만, 생각보다 그 과정이 재미있었다.

　　"선생님이 설명한 내용을 잘 이해했구나. 글을 보니 [　　　　　　　　　　　]."
　　"우아, 이 부분은 [　　　　　　　　　　　]"

　　내가 쓴 글을 보실 때마다, 선생님은 항상 따뜻한 미소를 던지며 칭찬을 해 주셨다. 점점 나는 글쓰기가 좋아졌고, 어느 순간, 다른 사람에게 감동을 주는 작가가 되고 싶어졌다.

　　이제부터 나는 작가라는 꿈을 키워 갈 것이다. 내 안에 있는 이야기를 자유롭게 표현하여 사람들에게 전달할 수 있는 작가로 성장하고 싶다. 이렇게 나의 꿈을 찾게 해 주신 선생님께 진심으로 감사하다.

>> 따옴표를 활용한 생활문을 읽고, 빈칸에 알맞은 말을 써요.

경험	실감 나게 표현할 내용
실수로 친구의 그림을 망쳤는데 제대로 사과하지 않았다. 핀잔을 주는 친구들에게 화를 내고 결국 후회했다.	나와 친구들이 다투는 장면

제목	친구들아, 미안해
기	어제의 일이었다. 여느 때와 마찬가지로 쉬는 시간에 친구들과 교실에서 뛰어놀며 장난을 치고 있었는데, 앉아서 그림을 그리던 송이와 부딪혔다. 그런데 하필 내 몸이 송이의 팔을 치는 바람에 그림에 얼룩이 생겨버렸다. 송이는 곧바로 엉망이 된 그림을 보며 울기 시작했다.
승	"미, 미안해." 나는 너무 당황해서 멋쩍게 웃으며 대충 사과를 하고 자리를 피했다. 나 때문에 친구가 울고 있으니 뭘 해야 할지 앞이 깜깜하기만 했다. 그런데, 그 장면을 본 친구 여럿이 나에게 다가와 이렇게 말했다. "민준아, 그렇게 대충 사과하면 송이가 더 상처 받지." "맞아. 송이가 얼마나 공들여 그리고 있었는데." "김민준, 너무한 거 아니야? 얼른 가서 송이한테 진심으로 사과해." 한꺼번에 몰아붙이니 난 화가 났다. 그래서 이렇게 소리치고 뒤돌아섰다. "너희들이 무슨 상관이야? 그리고 나 사과했거든."
전	집으로 돌아와 그때의 일을 떠올렸다. '내가 진심으로 미안하다고 말했나? 송이 기분이 어땠을까?' '화내는 내 모습에 친구들은 무슨 생각을 했을까?' 이런 저런 생각을 하다 보니, 얼굴이 뜨거워졌다. 내 행동이 너무 부끄러웠다. 내일 학교에 가자마자 친구들에게 사과해야겠다고 다짐했다.
결	오늘 나는 다시 진심을 담아 사과를 했다. 송이와 다른 친구들의 마음은 풀어졌지만, 그렇다고 그 일이 사라지는 것은 아니다. 이번 일로 배려와 사과의 중요성에 대해 새삼스럽게 생각하게 되었다. 앞으로는 자기중심적인 행동으로 소중한 친구들에게 상처 주는 일이 없도록 노력할 것이다. 타인을 배려하는 태도로 행동하고 싶다. '친구들아, 진심으로 미안해.'

민준이는 장난을 치다가 송이의 그림을 망가뜨렸지만 제대로 된 사과를 하지 않아서 _____.

그 싸우는 장면을 실감 나게 잘 표현했구나.

글쓰기 엿보기

>> '학교 생활'에 관한 글을 읽고 물음에 답해요.

학교는 왜 필요할까?

코로나19가 전 세계를 휩쓸던 시기, 많은 학교들이 원격 수업으로 전환하였습니다. 안전을 위해 필요한 조치였지만 이러한 변화는 여러 가지 부작용을 가져왔습니다.

첫째, 학력 저하 현상이 나타났습니다. 원격 수업은 실제 교실에서의 학습과 다른 방식으로 이루어지기 때문에 집중력과 학습 효율이 떨어지는 경우가 많았습니다. 질문할 기회도 적고, 학급 친구들과 토론하기도 어려워져서 지식이 부족해졌습니다.

둘째, 사회성 발달이 어려워졌습니다. 학교에서는 또래 친구들과 소통하고 협력하는 경험을 쌓을 수 있습니다. 하지만 원격 수업으로 직접적인 상호작용이 불가능해지자 소통 능력도 저하된 것입니다. 이는 아이들의 인성과 사회성에도 영향을 미쳤습니다.

셋째, 공동체 의식이 약해졌습니다. 학교는 공동체 생활을 위한 질서 의식, 도덕성 등을 가르치는 곳입니다. 그러나 원격 수업으로 인해 공동체의 가치와 규칙을 배우고 경험할 수 있는 기회가 사라졌습니다.

이러한 결과를 보고 많은 사람들이 학교의 필요성을 깨달았습니다. 학교는 단순히 학습을 위한 장소가 아닙니다. 지식과 기술은 물론, 규칙과 질서를 배우는 곳입니다. 또 또래들과 관계를 형성하며 소통, 협력, 문제 해결, 리더십 등의 사회적인 능력을 키울 수 있는 곳입니다. 따라서 우리는 학교의 역할과 중요성을 끊임없이 강조하고 지원해야 할 것입니다.

1. 학교생활로 배울 수 있는 것들을 찾아 써요.

→ _____

2. 나의 학교생활 중 가장 즐거운 일은 무엇인가요?

→ _____

>> 앞의 글을 바탕으로 '학교 생활'을 주제로 쓴 생활문을 읽어요.

경험	실감 나게 표현할 내용
코로나19로 원격 수업만 하다가 대면 수업을 시작했을 때 많은 것을 느꼈다.	학교에서 대면 수업을 시작하고 난 후, 수업 시간에 우왕좌왕했던 모습

제목	학교가 필요해!
기	코로나19로 인해 제대로 학교에 갈 수 없었을 때, 원격 수업을 시작했다. 친구들을 만나지도 못하고 학교에서 재밌는 활동을 할 수 없어서 매우 아쉬웠다. 하지만 늦잠을 잘 수 있고, 수업을 대충 들어도 넘어갈 수 있어서 살짝 신나기도 했다.
승	그러다가 5학년 때부터는 정상적으로 대면 수업을 시작했다. "모둠으로 수업할 거예요. 서로 토의하며 시나리오를 완성해 봅시다." "선생님, 토의하려니 다툼만 생겨요." "리코더 급수제를 시행하니 한 곡씩 연습해서 검사 받도록!" "텅잉도 잘 안되는 걸요." "준비체조 시작합시다. 기준! 체조 대형으로 벌려!" "어떻게 하는 거죠?" 수업 시간, 선생님의 여러 지시 말씀이 어색하기만 했다. 친구들과 토의해 본 경험도 부족해서 어떻게 할지 망설이는 바람에 결과물이 나오지도 않았다. 리코더 연주도 서툴렀고, 체육 시간에 선생님의 구령도 이해하지 못했다.
전	2년간 원격 수업이라고 제대로 하지 않았던 게 후회되었다. 그동안 놀고 쉰 만큼 더 열심히 보충해야 했다. 점점 집중하며 수업에 참여할 수 있게 되었고, 발표도 곧잘 하게 되었다. 과제도 시간 내에 제출하는 것이 당연하게 되었다. 친구들과 어울리는 것도 처음에는 어색했지만 조금씩 친구들을 어떻게 대해야 하는지도 알게 되었다.
결	예전에는 '학교가 왜 있을까?' 하며 가기 싫다고 떼쓴 적도 있었다. '계속 원격 수업만 했으면 좋겠다'라고 생각하기도 했다. 하지만 아니다. 학교는 우리에게 꼭 필요한 곳이다. 학교에서는 지식도 배울 수 있지만, 친구들과 소통하고 협동하는 방법, 인성, 사회성 등도 배울 수 있기 때문이다. 다양한 친구들과 어울려 지내며 많은 것을 배울 수 있는 소중한 학교에서 앞으로도 즐겁게 많은 것을 배우고 추억을 쌓을 것이다.

학교 생활에서 일어난 일을 실감 나는 대사로 표현했어.

학교 생활로 배울 수 있는 것들을 정리해서 썼구나.

글쓰기 도전

>> 학교 생활을 하며 겪었던 일을 구체적으로 표현해요.

친구와의 경험을 떠올려요.(술래잡기, 모둠 활동, 역할 놀이 등)

누구와 했나요?	
언제 있었던 일인가요?	
어디서 일어난 일인가요?	
어떤 것을 했나요?	

그때 있었던 대화를 큰따옴표(" ")를 사용하여 구체적으로 표현해요.

그때 가졌던 생각이나 느낌을 작은따옴표(' ')를 사용하여 표현해요.

선생님과의 경험을 떠올려요.(발표 잘해서 칭찬 받은 일, 숙제를 안 해서 꾸중 들은 일 등)

누구와 했나요?	
언제 있었던 일인가요?	
어디서 일어난 일인가요?	
어떤 것을 했나요?	

그때 있었던 대화를 큰따옴표(" ")를 사용하여 구체적으로 표현해요.

그때 가졌던 생각이나 느낌을 작은따옴표(' ')를 사용하여 표현해요.

>> '학교 생활'을 주제로 생활문을 써요.

학교 생활에서 겪은 일 중 기억에 남는 경험	실감 나게 표현할 내용

예) 수학 시간에 새로운 내용을 알게 된 상황, 친구들과 뛰어놀며 더 친해진 상황 등

제목	
	학교에서 하는 일이나 학교가 어떤 곳인지에 대한 생각을 써 봐.
기	
승	학교 생활의 한 장면을 구체적으로 표현해 볼래? 실제 대화글이나 속마음 등을 따옴표를 활용하여 써 봐.
전	그때 어떤 마음이 들었어? 즐거웠던 마음, 반성하는 마음 등 자유롭게 써 봐.
결	학교에 대한 생각을 한번 더 정리하고, 앞으로 어떤 학교 생활을 할지 마무리해 봐.

상상력 펼치기

글쓰기 주제
미래 과학

 비법 알기

나의 꿈(미래 직업), 과학, 환경, 역사에 대한 글도 생활문이 될 수 있어요. 하지만 직접 경험한 일이 아니기 때문에 상상이 필요하지요. 상상한 내용을 글로 쓰면 마치 실제로 경험한 것 같아서 실감이 나요. 내 상상력을 펼쳐서, 평범한 생활문을 좀 더 특별하게 만들어 봐요.

≫ 일제 강점기에 산다고 상상하여 쓴 글이에요. 빈칸에 알맞은 말을 써요.

주제	내용	상상하기
일제 강점기, 독립운동가를 떠올리며!	독립운동가들의 용기와 애국심은 대단하다. 내가 그 시대에 살았다면, 그렇게 하지 못했을 것이다.	나는 일제 강점기에 사는 12살 소년이다. 친구가 만세 운동에 나가자고 했지만 두려움에 거절하였다.

사회 시간에 일제 강점기, 독립운동가들에 대해 배웠다.

'어떻게 저렇게까지 나라를 생각할 수 있지?'

나는 잠깐 일제 강점기 시대의 12살 소년이 된 나를 상상해 보았다.

'학교 가는 길, 곳곳에 일본 군인들이 총을 들고 서 있다. 학교에서는 일본어로 수업을 듣고, 우리말을 하면 매를 맞는다. 몇몇 친구들이 교무실로 끌려가는 게 보인다. 비밀리에 한글로 쓴 쪽지를 주고받다가 들통이 난 것이다. 또 어떤 아이들은 가족 중 누군가가 독립운동을 해서 온 가족이 잡혀가는 바람에 학교에 나오지 못했다. 정말 무섭다. 어느 날, 친구가 함께 [   ]에 나가자고 말하며 조그마한 태극기를 몰래 건넸다. 난 그 순간 망설였다. 혹시나 걸려서 잡혀가 고문당할까 봐 [   ]. 그래서 부끄럽지만 친구의 제안을 거절한 채 뒤돌아섰다.'

상상 속에서도 독립운동은 정말 쉽지 않은 일이었다. 독립운동가들이 정말 존경스럽다.

>> 상상해서 쓴 생활문을 읽고, 빈칸에 알맞은 말을 써요.

주제	내용	상상하기
나의 미래	로봇공학자가 되어서 가정용 로봇을 발명하여 큰 성공을 거둔다.	로봇의 도움을 받아 회사에 출근한다. 내가 개발한 가정용 로봇을 공개하고 집으로 돌아와 로봇과 함께하는 삶이 행복하다고 느낀다.

제목	로봇공학자의 하루
기	아침이 되어 로봇 스튜어디스의 목소리로 깨어났다. 스튜어디스는 비서 로봇으로, 매일 아침 나의 일정과 날씨를 알려 준다. 6년 전 내가 제일 처음 개발한 로봇이며, 지금은 거의 모든 가정에서 사용하고 있다. 오늘 일정은 빡빡하다. 5년에 걸쳐 내가 개발한 로봇이 드디어 공개되는 날이기 때문이다.
승	출근길에는 자율 주행 로봇이 운전을 대신 맡아 준다. 이 로봇은 고급 센서와 인공지능을 통해 교통 상황을 예측하고 최적의 경로를 선택한다. 덕분에 나는 편안히 눈을 감은 채, 발표 시나리오에 대해 생각할 수 있었다. 내가 다니는 회사 RW에서는 혁신적인 로봇 기술을 개발하고 연구한다. 우리가 만드는 로봇들이 많은 일을 맡아 주어서, 인간은 더 창의적이고 가치 있는 작업에 집중할 수 있다.
전	발표회장으로 가니 많은 동료와 기자들이 와 있었다. 체험자들이 들어와 내가 개발한 가정용 로봇, 키퍼아이를 시연해 보고 있었다. 나는 단상에 올라 내 로봇을 설명했다. 너무 긴장되어 외워 두었던 시나리오가 생각나지 않았지만 동료들의 응원하는 눈빛을 보며 발표를 무사히 마칠 수 있었다. 그동안의 노력에 보상을 받는 느낌이었다.
결	발표가 끝난 후, 나는 곧장 집으로 갔다. 씻고 나와 침실로 들어가니, 내 수면 로봇이 음악, 조명, 온도 등을 자동으로 조정하여 나에게 딱 맞는 최적의 수면 환경을 제공해 주었다. 로봇은 이제 우리의 동반자다. 사람들의 삶을 더욱 쾌적하고 편리하게 만드는, 일상에서 사라져서는 안될 존재이다. 로봇과 공존하며 더 나은 삶을 살 수 있는 미래를 위해 열심히 일하는 지금이 참 행복하다.

미래에 _____가 되어 _____

_____경험을 상상하여 표현했구나.

≫ '미래 과학 기술'에 관한 글을 읽고 물음에 답해요.

과학 기술의 발전과 미래 사회

지난 몇십 년간 과학 기술은 우리의 삶을 크게 변화시켰습니다. 미래에는 더욱 혁신적인 변화를 가져오겠지요. 과학 기술로 달라질 미래에 대해 알아볼까요?

의료

- 개인 맞춤형 치료: 유전자 분석과 인공지능 기술을 활용하여 개인의 유전체 데이터를 분석, 질병을 예측하고 개인 맞춤형 치료를 제공할 수 있을 것입니다.
- 로봇 의료 기술: 진단이나 수술에 AI 로봇을 활용한 기술이 활발하게 사용됩니다. 신속하고 정확한 치료가 가능하고, 안전성이 높아져 의료 사고도 줄어들 것입니다.

교육

- 개인 맞춤형 학습: 인공지능과 데이터 분석을 통해 개개인의 학습 스타일과 능력에 따른 맞춤형 학습이 가능해집니다. 학습 효율성과 흥미도 높일 수 있습니다.
- 가상 현실 교육: 가상 현실 기술이 발달하면 역사적인 사건에 직접 참여하거나 과학 실험을 가상으로 수행하는 등 실제 체험을 통해 학습할 수 있습니다.

도시와 교통

- 지능형 도시: 센서, 인공지능 등을 활용해 도시의 시스템을 관리하는 지능형 도시가 됩니다. 에너지와 교통 관리, 재난 대비 등을 더 효율적으로 할 수 있습니다.
- 자율주행 차량과 전기 자동차: 자율주행 기술이 완성도를 갖추게 되면서 교통 체증이 줄어들고 더 안전해집니다. 전기 자동차의 보급이 확대되면서 환경친화적인 교통수단이 증가하고, 공해 문제가 개선됩니다.

1. 미래 사회를 가장 크게 달라지게 할 기술은 무엇일까요?

→ _____

2. 그렇게 생각하는 이유를 써요.

→ _____

>> 앞의 글을 바탕으로 '미래 과학 기술'을 주제로 쓴 글을 읽어요.

기	의사가 된 나는 전기 자동차를 타고 병원에 출근한다.
승	AI 로봇을 활용하여 여러 건의 수술을 끝내고 쉰다.
전	기술의 발전으로 내가 누리는 혜택과 달라진 세상에 대해 생각한다.
결	앞으로도 훌륭한 의사가 되기 위한 다짐을 한다.

제목	로봇 시대의 의사로 살아가기
기	알람 소리에 눈을 떴다. 로봇의 도움으로 세수를 마치고 로봇이 준비해 둔 옷을 입었다. 로봇 덕분에 출근 준비를 빨리 끝낼 수 있었다. 아침 식사를 하는 동안 초고속으로 충전된 전기 자동차를 타고 출근을 했다. 오늘은 수술이 다섯 건이나 예정되어 있다. 하지만 대부분의 수술 과정이 AI 로봇에 의해 진행되기 때문에 크게 부담스럽지는 않다.
승	새로 도입한 최신형 AI 로봇이 수술을 진행했다. 사람이 한다면 하루에 한 건만 진행해도 피곤할 수술인데, 정밀하고 섬세한 작업을 로봇들이 맡아서 해 주니 다섯 건도 끄떡없다. 수술이 모두 끝났는데도 아직 저녁이 되지 않았다. 나는 곧장 힐링 테이블에 앉아서 쉬기 시작했다. 이 테이블은 내 몸의 상태에 맞춰 안마, 피톤치드, 음악 등을 제공하여 안정을 취할 수 있도록 도와준다. 얼마나 시간이 흘렀을까? 금세 내 몸과 마음은 휴식 속으로 풍덩 빠져들었다.
전	'정말 좋은 세상이야.' 눈을 감고 나는 이렇게 생각했다. 기술의 발전으로 의사인 나는 정말 편리함을 누리고 있다. 신속하고 정확하게 치료하기 위해서는 AI 로봇이 필수다. 이런 기술이 없었던 과거에는 어떻게 환자들을 돌보았을까? 물론 기술만으로는 부족하다. 환자에게 안정감을 줄 수 있는 따뜻한 소통과 공감은 기계가 대체할 수 없는 인간의 역할이기 때문이다. 그래서 나는 환자에게 인간적으로 다가가는 법을 잊지 않도록 항상 노력하고 있다.
결	훌륭한 의사가 되기 위해서는 과학과 기술의 발전은 적절히 활용하되, 환자를 존중하고 배려하는 인간적인 모습을 잃어서는 안 된다. 그러한 의사로 환자들을 만나며 평생 일하는 것이 내 꿈이다.

≫ **상상한 내용을 글로 표현해요.**

미래에 새로 생겨날 과학 기술을 상상해 보세요. (예. 드론 택시, 가사도우미 로봇, 마을 공기청정센터 등) 그 기술의 좋은 점은 무엇일까요?

새로운 과학 기술	
좋은 점	

그 과학 기술을 사용하는 상상을 해 봐요.

누구와 함께일까요?	
언제 일어났을까요?	
어디서 일어난 일일까요?	
구체적으로 어떤 일이 있었을까요? (대화글도 써 봐요.)	
그때 어떤 생각이나 느낌이 들었을까요?	

≫ '미래 과학 기술'을 주제로 상상하여 글을 써요.

30년 후 어느 날, 미래 도시에 살고 있는 나에게 생길 사건을 상상하여 써요.

기	
승	
전	
결	

과학 기술이 발달한
미래 도시 모습을 상상한 후,
그곳에 사는 나에게
생길 일을 써 보는 거야.

제목	
기	
승	
전	
결	

미래 도시의 배경이
드러나면 좋겠지? 장면을
실감 나게 표현하는 게
좋아.

미래 도시의 일상 모습을
담으면 돼.
예) 음식을 사러 가거나,
출근하는 장면

뭔가 문제 상황이
드러나거나, 재미있는 사건이
일어나면 어떨까?

문제가 해결되는
장면과 그때의 생각을
담아 마무리해 봐.

생활문 ③ 사례 들기

 비법 알기

> 쓰려는 경험과 비슷한 사례를 들어 생각의 근거를 마련해 보세요. 읽는 이에게 생각을 더 잘 전달할 수 있을 뿐만 아니라, 글의 내용도 풍성해진답니다. 예시로 드는 내용은 현재의 상황은 아니기 때문에 기승전결 중 '전'에 넣어요.

≫ **사례를 들어 쓴 생활문을 읽고, 빈칸에 알맞은 말을 써요.**

경험	생각	유사한 사례
동생이 애교를 부리며 엄마의 꾸중을 피했다.	동생이 그렇게 할 수 있는게 부럽고 놀랍다.	동생은 예전에도 갖고 싶은 것을 애교로 받아 낸 적이 있다.

못 말리는 내 동생

㉠ 나와 동생은 정리정돈을 잘 못한다. 유독 오늘은 더 심했다. 옷이 여기저기 펼쳐져 있었고, 책상 위에도 간식 껍질과 책이 너저분하게 널려 있었다. 마침 퇴근하신 엄마가 그걸 보고는 깜짝 놀라 한참 꾸중을 하셨다.

㉡ 엄마에게 혼나자 나는 침울해졌지만, 동생은 반대로 애교를 부렸다. 웃으면서 대답도 예쁘게 했고, 앞으로는 매일 청소하겠다는 말도 안 되는 거짓말을 했다. 그런 용기가 부럽기도 했고, 어이가 없었다. 우스운 것은 동생의 애교가 엄마의 마음을 녹여서 꾸중이 생각보다 일찍 끝났다는 것이다. 동생의 애교는 참으로 놀랍다.

㉢ 동생은 예전에도 ☐☐☐☐☐☐☐☐☐☐☐☐☐ 동생과 나는 포켓몬 카드를 수집하는데, 동생이 부모님께 애교를 부린 덕에 나까지 카드를 획득할 수 있었다. 그때도 나는 차마 표현하지 못하는 것을 동생은 쉽게 하는 게 신기했다.

㉣ 그동안 동생이 한심하다고만 생각했었는데, 돌이켜 보면 동생은 그저 얻고 싶은 것을 얻으려는 자기만의 방법을 찾은 거다. 그리고 동생처럼 자기 생각을 잘 표현하고 전달하는 것, 정말 중요한 일인 것 같다. 나도 동생처럼 적극적으로 내가 원하는 것을 얻기 위해 노력해야겠다.

» 다양한 사례를 활용하여 쓴 글을 읽고, 빈칸에 알맞은 말을 써요.

사례	〈관광단지 조성으로 지역 개발을 실천한 사례〉 ① 대전 : 보문산 일대에 전망 타워, 케이블카, 워터 파크, 숙박 시설 등이 있는 관광단지를 만듦. ② 부산 : 기장군 오시리아 관광단지에 미세먼지를 차단하고 깨끗한 공기를 공급해 줄 아름다운 도시 숲을 조성할 예정임.

제목		우리 지역을 살려요!
예시글	기	5월 연휴를 앞두고 가족여행을 계획했다. 그런데, 우리 지역에는 다른 지역에 있는 놀이공원이나 워터 파크, 과학관, 박물관처럼 사람들이 찾아갈 만한 장소가 거의 없었다. 우리 지역의 발전을 방해하는 심각한 문제라는 생각이 들었다.
	승	관광 산업은 큰 경제적 가치를 가진다. 많은 지역에서 관광 수입으로 경제를 활성화한다. 우리 지역에도 관광지를 개발하면 이러한 이득을 얻을 수 있을 것이다. 　특히 내가 사는 남해안에는 풍부한 자연경관과 역사적인 유산이 있다. 이것을 활용하여 관광지를 개발하면 관광객들을 불러 모아 우리 지역의 매력을 널리 알릴 수 있을 것이다. 예를 들면 산악 지역에 등산로를 개발하고 케이블카를 설치하거나, 역사적인 유산을 복원하여 문화 체험을 제공하는 장소로 개발할 수도 있다.
	전	대전에서는 보문산 일대에 전망 타워, 케이블카, 워터 파크, 숙박 시설 등이 있어 가족들이 놀러 가기 좋은 관광단지를 만들 계획이라고 한다. 또, 부산 기장군은 미세먼지를 차단하고 깨끗한 공기를 공급해 줄 아름다운 도시 숲을 조성할 예정이다. 　우리 지역에도 이런 친환경 힐링 공간을 조성한다면 많은 사람들이 볼거리를 찾아 우리 지역을 방문할 것이다. 식당이나 관광 명소 등도 생겨날 것이다.
	결	우리 지역에도 하루빨리 관광지가 개발되었으면 좋겠다. 그래서 많은 사람들이 내가 살고 있는 동네를 찾아와 줬으면 좋겠다. 주말이나 방학에 굳이 먼 곳을 찾아갈 필요 없이 우리 동네에서 즐겁게 시간을 보낼 수도 있을 것이다.

글쓴이는 자기가 사는 지역에 관광지가 개발되었으면 좋겠다고 말하고 있어.

대전과 부산의 예시를 들면서 ＿＿＿＿＿＿＿＿＿＿＿＿＿＿＿＿＿＿＿＿＿을

조성한다면 많은 사람들이 그곳을 방문할 거라고 생각해.

>> '스마트 도시'에 관한 글을 읽어요.

스마트 도시 세상

세계 각국의 도시가 스마트 도시로 변화하고 있어요. 여러분은 스마트 도시가 무엇인지 알고 있나요? 스마트 도시는 첨단 IT 기술을 이용해 교통, 환경, 주거, 안전, 복지 등의 다양한 도시 문제를 해결해 시민들이 편리하고 쾌적한 삶을 누릴 수 있게 한 '똑똑한 도시'를 의미해요. 예를 들면 실시간으로 교통 정보를 제공하여, 거주자들의 이동 시간과 거리를 단축해 주고 이산화탄소 배출량도 줄일 수 있지요. 스마트 도시의 장점과 단점에 대해 구체적으로 알아봐요.

스마트 도시의 장점은 다음과 같아요.

효율적인 자원 관리	데이터 분석을 통해 에너지, 수도, 교통 등의 자원을 효율적으로 관리하고 사용량을 최적화할 수 있어요.
생활 편의성 증진	스마트 홈, 자율주행 차량, 모바일 애플리케이션 등 다양한 서비스를 통해 편리한 생활을 제공해 줘요.
안전과 보안 강화	CCTV, 센서, 인공지능 등을 활용하여 범죄를 예방하고 조기 경고 시스템을 강화하여 도시의 보안을 강화해요.
경제적인 이점	스마트 도시의 기술 및 서비스 개발이 새로운 비즈니스 기회를 만들어내어 경제가 성장할 수 있어요.

스마트 도시의 단점은 다음과 같아요.

개인 정보 보호 문제	많은 양의 개인 데이터를 수집하고 활용하다 보면 개인 정보 보호에 대한 문제가 발생할 수 있어요.
기술 의존성과 취약성	정보 및 통신 기술에 의존하기 때문에 사이버 공격에 취약해요.
일자리 감소	스마트 시티가 발전하면 일자리가 적어질 거라는 우려가 있어요.
비용 문제	스마트 시티를 만들고 유지하는 데는 상당한 비용이 들기 때문에 꾸준한 투자와 자금 조달이 필요해요.

스마트 도시는 많은 문제를 해결하여 삶의 질을 높여 줄 혁신적인 도시예요. 장점과 단점을 잘 고려하여 지속적인 발전을 할 수 있도록 노력하며 조성시켜 나가야 해요.

>> 앞의 글을 바탕으로 '지역 발전'을 주제로 쓴 글을 읽어요.

우리 지역에 바라는 것

- 편리하고 안전하게 등하교하고 싶다.
- 어디서나 와이파이를 사용하고 싶다.
- 공기가 좋았으면 좋겠다.

우리 지역이 스마트 도시가 된다면?

- 스마트 교통 시스템 구축으로 대중교통이 자율주행으로 운영된다.
- 도시 전체가 와이파이 존이다.
- 인공 피톤치드 숲이 있다

제목	우리 도시의 발전을 꿈꾸며
기	사회 시간에 우리 도시에 대해 배웠다. 우리 도시는 작지만 아름다운 자연과 풍부한 해양자원을 가지고 있다. 그래서 주말이 되면 바닷가로 산책을 나가거나, 신선한 해산물을 쉽게 사 먹을 수 있다. 나는 이런 장점들이 우리 도시의 매력이라고 생각한다.
승	"우리 지역이 더 성장하려면 어떻게 해야 할까요?" 선생님의 질문에 우리는 고민에 빠졌다. 사실 나는 지금도 충분하다고 생각하고 있었다. 하지만 친구들은 대도시에서의 경험을 토대로 우리 도시의 부족한 점을 이야기했다. 우리 도시는 대중교통을 이용하기도 불편하고, 사람들이 찾아올 만한 관광지도 별로 없다. 그래서 최근에는 젊은 사람들이 대도시로 떠나는 경향이 더욱 두드러지고 있다.
전	우리 도시의 근처에 있는 대도시를 예로 들면, 스마트 기기를 활용하여 교통 상황을 실시간으로 파악할 수 있어 대중교통을 이용하기가 매우 편리하다. 교통 체증으로 인한 스트레스를 크게 줄일 수 있을 것이다. 또, 도시 중앙에 친환경적인 공원이나 로봇 단지와 같은 관광지를 조성하여 놀러 갈만한 곳도 많다고 한다.
결	이 사례를 보고 우리 도시도 그와 같은 발전을 이루었으면 좋겠다는 생각이 들었다. 우리 도시 곳곳에 스마트 시스템을 적용하면 지금보다 훨씬 편리하게 생활할 수 있을 것이다. 또, 우리 도시도 아름다운 자연환경을 활용한 정원이나 볼거리가 있는 관광지를 만들어서 더 많은 사람들이 방문하고 싶어 하는 매력적인 도시가 되었으면 좋겠다.

 **글쓰기 도전**

>> **사례를 들어 글로 표현해요.**

놀이공원이나 워터 파크가 있는 지역에 갔던 경험을 써요.

어디에 갔나요?	
언제 갔나요?	
누구와 갔나요?	
어떤 것을 했나요?	

바다, 산 등 아름다운 자연 풍경을 볼 수 있는 지역에 갔던 경험을 써요.

어디에 갔나요?	
언제 갔나요?	
누구와 갔나요?	
어떤 것을 했나요?	

우리 지역에도 위와 같은 시설이나 자연이 많으면 좋겠죠? 그 생각을 써 봐요.

≫ '우리 지역의 발전'에 대해 생각해 보고, 그 내용으로 글을 써요.

내가 좋아하는 지역 (우리 지역 제외)	그 지역의 좋은 점	우리 지역에서 참고할 점

문화, 관광, 편의 시설 등 어떤 점을 우리 지역에 벤치마킹하면 좋을지 생각해 봐.

제목	
기	우리 지역을 잘 모르는 사람에게 알려 준다고 생각하고 우리 지역의 특징을 설명해 봐.
승	내가 좋아하는 다른 지역의 사례를 써 봐. 그 지역을 왜 좋아하는지 구체적으로 적어 보자.
전	다른 지역의 장점을 우리 지역의 부족한 점과 연결 지어, 지역 발전을 위해 노력할 방법을 제시해 봐.
결	앞으로 우리 지역이 어떤 모습이길 바라는지 정리하여 써 볼래?

 비법 알기

> 신문에서 보거나 뉴스에서 들은 내용을 나의 경험과 관련지어 써 봐요. 글쓴이의 생각이 더 잘 전달될 뿐만 아니라 더 풍성한 글이 돼요.

≫ **글쓴이가 보고 들은 내용이 글에 어떻게 활용되었는지 확인하고, 빈칸에 알맞은 말을 써요.**

경험	보거나 들은 내용
식당에서 어린아이들이 부모의 스마트폰 영상에 몰입하고 있었다.	• 영유아 스마트폰 증후군이 증가하고 있다. • 6세 미만의 아이들이 스마트폰에 반복적으로 노출될 경우, 뇌 발달이 지연된다. • 3~5세 유아의 54.3%가 24개월 이하일 때부터 디지털 기기를 접한다.

어린아이들의 스마트폰 사용, 괜찮을까?

㉠ 며칠 전 가족과 함께 외식하러 식당에 갔다. 음식을 주문하고 기다리는 동안, 주위에 있는 어린아이들이 부모의 스마트폰 속 영상에 몰입하고 있는 장면을 보게 되었다. 스마트폰 화면을 응시하고 있는 아이들은 마치 현실 세계와 단절된 것처럼 보였다.

㉡ 스마트폰은 우리에게 편의를 제공한다. 하지만 어린아이들이 스마트폰을 사용하게 되면 성장과 발달에 부정적인 영향을 미칠 수 있다. 아이들은 주변 환경과 상호작용하며 경험을 쌓아야 한다. 그리고 그런 경험은 절대 영상을 보는 것으로 대체될 수 없다.

㉢ 뉴스에 따르면 요즘 [＿＿＿＿＿＿＿＿＿＿＿＿＿＿＿＿]이 증가하고 있다고 한다. 6세 미만의 아이들이 스마트폰 동영상 또는 게임에 반복적으로 노출이 되면 뇌 발달이 지연될 수 있다는 것이다. 그런데 요즘에는 유아 중 절반이 24개월 이하일 때부터 디지털 기기를 접한다니 심각한 문제다.

㉣ 나는 아이들이 스마트폰 사용을 자제하고, 밖에서 활동하며 많은 경험을 쌓았으면 좋겠다. 이를 위해서는 주변 어른들의 노력이 꼭 필요하다고 생각한다.

>> 보거나 들은 내용을 담은 글을 읽고, 빈칸에 알맞은 말을 써요.

보거나 들은 내용	• 영국의 옥스퍼드 영어사전에 '한복'을 비롯해 '오빠, 언니, 누나, 삼겹살, 잡채, 김밥, 콩글리시, 만화, 먹방, 애교, 반찬, 불고기, 치맥' 등 한국어 단어 26개가 새롭게 등재되었다. • 베트남 세종학당이 한국어를 배울 사람들로 붐비는 등 한국어 학습 열풍이 불고 있다. 전 세계 곳곳에 한국어 학원이 급속도로 늘고 있다.

제목	세계로 뻗어 가는 한국 문화	
예시글	기	지난 주말에 가족들과 드론 쇼를 보러 갔다. 한국인 못지않게 외국인 관광객도 많았다. 정말 신기한 것은 그들의 입에서 나오는 한국어였다. 외국인들이 자연스럽게 한국어로 물건을 사고, 즐겁게 웃으며 대화를 나눴다. 한눈에 봐도 한국 문화에 큰 관심이 있어 보였다.
	승	요즘 한국의 음악, 드라마, 영화, 패션 등이 전 세계 사람들에게 사랑을 받고 있다. 우리나라 아이돌 그룹이 세계적으로 인기를 끄는 것은 당연해졌고, 한국어가 그대로 적힌 라면이나 화장품이 해외에서도 잘 팔린다고 한다. 한국어를 배우려는 외국인도 점점 늘고 있다.
	전	영국의 [ ]에 한국어 단어 26개가 실렸다는 신문 기사를 본 적이 있다. '치맥, 먹방, 오빠, 누나' 등의 낱말이 전 세계 사람들이 보는 사전에 올랐다니 정말 놀라웠다. 전 세계 곳곳에 [ ]이 급속도로 늘고 있다는 뉴스도 보았다. 한국어를 배우고 싶어하는 사람들이 많다는 것은 그만큼 우리나라 문화에 관심을 갖는 사람들이 늘어났다는 증거일 것이다. K-팝을 따라 부르고 싶어서, 한국 드라마를 보고 싶어서, 한국 여행을 가고 싶어서 한국어를 배운다는 그들은 내가 지금 억지로 영어를 공부하는 모습과는 달리 아주 행복해 보였다.
	결	이제 우리나라를 모르는 외국인이 없다. 전 세계 사람들이 우리나라의 매력과 아름다움을 잘 알게 되면 좋겠다. 외국인들과 우리나라 말로 소통하면 정말 기쁠 것 같다. 나도 자랑스러운 한국인으로서 우리 문화를 알리는 데 기여할 수 있는 사람이 되고 싶다.

>> 'K-문화의 세계화'에 관한 글을 읽어요.

전 세계를 사로잡은 K-문화

디지털 기술의 발달로 미디어의 급속한 발전이 이루어지면서 이제 '세계화'라는 표현은 일상이 되었죠. 특히 실시간으로 소통 가능한 소셜네트워크서비스(SNS)는 전 세계를 하나로 묶어 문화 공유의 시대로 이끌고 있어요. 이에 따라 많은 나라들이 영화, 음악, 패션 등의 문화 상품을 내세워 저마다 문화 강대국으로 자리매김하기 위해 치열하게 경쟁할 정도지요.

한국의 문화는 1990년대 중반 〈겨울연가〉 등의 TV 드라마가 주도한 한류 열풍으로 처음 세계로 퍼져 나갔어요. 이후 2010년대에 들어서는 소녀시대, 빅뱅, 카라, 동방신기와 같은 아이돌 그룹과 싸이 등의 가수가 해외에서 큰 인기를 얻기 시작했죠. 그 이후 K-팝을 중심으로 한국의 영화, 드라마, 게임 등이 널리 퍼지기 시작했어요. 이와 같은 붐을 '신한류'라고 불러요.

신한류는 '한류 팬들은 고연령층이다'라는 이전의 공식을 깼어요. 한국 드라마와 영화에 열광하던 40~50대 팬에서 K-팝에 열광하는 10~30대 팬으로 주 소비층이 바뀌었지요. 우리나라 콘텐츠의 수출 지역이 아시아권뿐만 아니라 중남미, 북미, 중동, 유럽, 아프리카 등지로 넓어졌다는 것도 신한류의 특징이에요.

신한류는 미디어 환경의 변화와 밀접한 연관을 맺고 있어요. 신한류가 만들어 낸 콘텐츠가 스마트폰의 보급, SNS의 성장 등 급변하는 디지털 미디어 환경을 기반으로 전 세계에 퍼져 나갔기 때문이지요. 싸이의 '강남스타일'이 유튜브를 통해 전 세계에 알려졌고, 뮤직비디오에 등장한 말춤은 전 세계인의 춤이 된 것처럼요. 이제는 유튜브에 공개된 우리나라 아이돌 가수들의 뮤직비디오와 댄스 연습 영상, 각종 방송 영상을 통해 해외 팬덤이 형성되는 것이 아주 자연스러운 현상이 되었어요.

이렇게 K-문화가 세계로 뻗어 나가면서, 관광 산업이나 우리나라 제품의 수출도 긍정적인 영향을 받고 있어요. 팬 미팅이나 공연을 위해 내한하는 해외 관광객 숫자가 해마다 늘고 있고, 한국 음식이나 제품 쇼핑 자체가 관광 상품이 되기도 하지요. 이로 인해 대한민국의 국가 이미지가 상승하는 것은 매우 고무적인 일이에요. 이러한 흐름을 계속 이어 나가려면 문화 혁신과 다양성 유지를 위한 지속적인 노력이 필요해요.

>> 앞의 글을 바탕으로 '문화 발전'을 주제로 쓴 글을 읽어요.

K-문화 수출의 긍정적인 부분	K-문화 발전을 위한 노력
• 우리 문화와 역사를 전 세계인들에게 제대로 알릴 수 있다. • 외국인들의 우리나라 방문이 늘어나고 경제가 성장한다.	• 우리 고유의 문화가 가진 가치를 널리 알린다. • 혁신적이고 다양성을 존중하는 문화를 만들어 나간다.

제목	K-문화, 한국의 자부심을 느끼다!
기	오늘 학원에 가기 전에 시간이 잠깐 비어 내가 좋아하는 그룹 뉴진스의 댄스 영상을 찾아보았다. 그런데 검색하다 보니 신기한 점이 있었다. 한국인보다 외국인들이 직접 뉴진스의 노래와 춤을 따라 하는 영상이 더 많았던 것이다. '와, 신기하다!' 나는 새삼 우리나라 문화가 전 세계적으로 인기 있다는 것을 느꼈다.
승	그러고 보니 얼마 전 뉴스에서 외국에 있는 한국어 학교에 입학 대기자가 많다는 내용이 나온 게 생각났다. 외국 학생들이 우리나라 문화에 흥미를 느껴서 한국어를 배우고 싶어 하는 것이 신기하고 고마웠다. 해외에서 우리나라 음식점을 열어 외국인들에게 한국의 음식 문화를 홍보하는 예능 프로그램이 나오기도 한다. 생소할 수도 있는 한국 음식을 알아보고 좋아하는 외국인들을 보며 뿌듯하지 않을 한국인은 없을 것이다.
전	독도의 날, 아이돌 가수들의 공연에 '독도는 우리 땅' 노래를 입혀 SNS에 올리는 '독도 챌린지'가 화제가 된 적이 있다. '독도는 한국 땅'이라는 메시지를 자연스럽게 해외 팬들에게 전달한 셈이다. 만약 유명 아이돌들이 직접 나서서 이렇게 우리의 문화와 역사를 긍정적으로 홍보한다면 외국인들이 우리나라에 대해 제대로 알게 될 것이다. 그뿐 아니라, 우리나라의 영화에 등장한 한국 음식이 해외에서 인기를 끈다는 뉴스도 종종 보인다. 이렇게 되면 더욱 많은 외국인들이 우리나라에 방문하게 되어 경제 성장에도 도움이 될 수 있다.
결	우리나라는 정말 자랑스러운 나라다. 지금의 K-문화 붐을 이어가기 위해, 우리나라만이 가지고 있는 멋진 문화와 역사, 예술 등의 가치를 좀 더 세계에 알렸으면 좋겠다. 또, 앞으로도 세계인들이 공감할 수 있는, 다양성을 존중하면서도 혁신적인 문화를 새롭게 만들어 나가야 한다.

≫ 보거나 들은 내용을 넣어 글을 써요.

'K-문화'와 '한류'에 관한 뉴스를 검색해 보고, 보고 들은 내용을 정리해요.

한류열풍 뉴스영상

K푸드 뉴스영상

한글 인기 뉴스영상

▶

▶

▶

▶

위 내용 중 한 가지를 골라, K-문화와 관련해 내가 경험한 일을 써요.

어떤 일이 있었나요? (누구와, 언제, 어디서, 무슨 일을)	
그때 무슨 생각을 했나요?	
기사나 영상에서 보고 들은 내용을 덧붙여 봐요.	
K-문화에 대한 내 생각은 어떤가요?	

≫ K-문화에 대해 보거나 들은 내용을 넣어 글을 써요.

K-문화에 대해 보거나 들은 내용

보거나 들어서 알고 있는 자랑스러운 K-문화와, 자랑스럽다고 생각한 이유를 써 봐.

제목	
기	우리나라가 자랑스럽다고 느꼈던 경험을 떠올려 구체적으로 써 봐.
승	K-문화에 대해 뉴스나 신문, 또는 텔레비전 프로그램에서 본 내용을 써 봐.
전	세계화되는 K-문화를 위해 우리가 어떤 노력을 해야 할까?
결	K-문화의 인기에 대한 네 생각을 정리해 봐.

99

생활문 ⑤  조사하기

글쓰기 주제
해양 환경

 비법 알기

조사한 내용은 내 경험의 근거가 될 뿐 아니라, 읽는 이에게도 글에 대한 배경지식을 제공해서 내용을 더 잘 이해할 수 있게 해요. 글을 쓰기 전, 주제에 대해 개념을 찾아보거나 관련 자료를 조사해 봐요.

≫ **글쓴이가 조사한 내용이 글 속에서 어떻게 활용되었는지 확인하고, 빈칸에 알맞은 말을 써요.**

조사한 내용	• 투발루는 오세아니아 폴리네시아 지역에 있는 아홉 개의 섬으로 이루어진 국가이다. • 투발루 국토는 모두 해발 4.5미터 이하로, 지구 온난화로 인해 섬이 모두 가라앉을 위기에 처해 있다. 환경 전문가들은 2060년대에는 투발루가 완전히 바다에 잠길 것으로 예상한다. • 플로깅: 조깅을 하는 동안 눈에 띄는 쓰레기를 줍는 일. 운동으로 건강을 챙기는 동시에 환경을 지키기 위한 작은 실천에 동참하자는 환경보호 운동이다.

투발루를 살려라

㉠ 얼마 전, 선생님께서 투발루에 관한 이야기를 들려주셨다. 투발루는 섬으로만 이루어진 나라인데, [   ] 때문에 가라앉을 위기에 처해 있다. 우리 반 친구들은 선생님과 함께 투발루를 살리기 위한 운동을 하기로 했다.

㉡ "애들아, 다 같이 '플로깅' 어때?" 선생님께서 이렇게 제안하셨다. 플로깅이란 [   ]이다. 건강도 챙기고 환경도 지키는 실천 중 하나였다. 우리는 모두 찬성했고, 그렇게 금요일 오전에 동네를 한 바퀴 돌며 플로깅을 하러 나갔다. 생각보다 길에 쓰레기가 많았다.

㉢ 동네 한 바퀴를 돌자 각자의 쓰레기봉투가 거의 다 찼다. 담배꽁초 같은 작은 쓰레기도 있었지만 커다란 비닐봉지나 상자도 있었다. 처음에는 체험 학습 간다고 들떴었는데, 실제로 해 보니 쉬운 일은 아니었다. 친구들이 땀 흘리는 서로의 모습을 보며 웃었다. 비록 힘들긴 했지만, 기분은 상쾌했다.

㉣ 내가 사는 지구를 위한 일을 했다는 사실에 괜히 어깨가 으쓱했다. 덕분에 운동도 많이 하게 되어 뿌듯했다.

"주말에도 같이 플로깅 하지 않을래?" 난 친구들과 플로깅 약속까지 잡았다. 앞으로도 플로깅을 자주 실천하여 지구 온난화를 막을 것이다. 이런 실천이 모여 투발루를 살리면 좋겠다.

100

>> 조사한 내용을 담은 글을 읽고, 빈칸에 알맞은 말을 써요.

조사한 내용	• 비치코밍: beach(해변)과 combing(빗질하다)의 합성어. 말 그대로 '해변을 빗질한다'는 뜻으로, 환경보호를 위해 해변에 떠밀려 온 쓰레기를 수거하는 활동을 의미한다. • 우리나라의 해양 쓰레기 발생량은 연간 14만 5천 톤이다. 그중 땅에서 바다로 유입되는 쓰레기가 65.3%다.(해양수산부 통계 자료) • 해양 쓰레기의 종류: 스티로폼을 포함한 플라스틱류 71%, 나무가 5%, 금속 종류 4% 순으로 플라스틱 쓰레기 유입이 심각하다.

제목	바다를 지키는 작은 손길, 비치코밍

예시글	기	지난 여름방학에 바다로 가족 여행을 갔다. 해변을 따라 걷던 우리는 눈에 띄는 쓰레기에 충격을 받았다. 플라스틱 병, 비닐봉지, 폐기물 등이 해변을 더럽히고 있었다. 우리나라에서는 매년 [ ] 톤의 해양 쓰레기가 발생한다. 이로 인해 바다 생태계가 위협받고 있다. 우리는 쓰레기를 당장 주워야겠다고 생각했고, 마침 아빠가 이번 기회에 해변 쓰레기를 줍는 [ ] 활동을 함께 해 보자고 말씀하셨다.
	승	맨 처음엔 쓰레기가 너무 많아 어디서부터 시작해야 할지 막막했다. 우리는 작은 구역부터 차근차근 쓰레기를 주워 갔다. 시간이 꽤 걸렸지만 한 조각, 한 조각씩 바다를 정화시키며 희열을 느꼈다. 주워 온 쓰레기들을 출발 지점에 놓았을 때, 그 엄청난 양에 놀랐다. 하지만 동시에 뿌듯함과 보람도 느꼈다. 우리의 작은 노력이 바다와 생태계를 지키는 데에 기여할 수 있다고 생각하니 기분이 상쾌했다.
	전	시간이 흘러도 해변에는 쓰레기가 끝이 없었다. 조금 지치고 힘들어져서 잠깐 주저앉았다. 아빠와 엄마는 나를 일으켜 세우며 "천천히 하나씩이라도 줍자!"라고 말했고, 난 다시 조금씩 줍기 시작했다. 우리가 지나간 자리에 바다 쓰레기들이 점점 줄어들고 있는 것이 보였다. 우리를 보며 다른 사람들도 함께 줍기 시작했다. 빠른 속도로 깨끗해 지는 해변을 보니 가슴이 뭉클해지기도 했다.
	결	비치코밍을 마친 우리는 서로의 손을 잡고 바다를 바라보았다. 앞으로도 계속해서 바다를 지키고 더 많은 사람들에게 바다 쓰레기 문제를 알려야겠다는 다짐을 했다.

≫ '미세플라스틱'에 관한 글을 읽어요.

바닷속 미세플라스틱의 위협

매년 6월 8일은 해양 보호 및 바다의 소중함을 기억하기 위해 유엔환경계획(UNEP)이 지정한 '세계 해양의 날'이에요. 바다로 유입되는 플라스틱 쓰레기는 매년 약 800만 톤이라고 해요. 인천 앞바다에 버려지는 쓰레기만 해도 연간 19만㎥에 달하고요. 10톤 트럭 1만여 대에 달하는 쓰레기가 해마다 바다로 버려지고 있다는 의미죠.

특히 플라스틱의 경우, 썩지 않고 분해되지 않는 특성상 대부분이 그대로 남게 돼 해양 쓰레기의 90%를 차지하고 있어요. 이렇게 버려진 플라스틱은 물결을 타고 떠돌다가 특정 지역에 모여 마치 거대한 섬처럼 보이기도 해요. 실제로 1997년 하와이에서 열린 요트 경기에 참여해 LA로 향해가던 미국인 찰스 무어는 북태평양의 한가운데에서 거대한 플라스틱 쓰레기 더미와 마주했어요. 일명 '플라스틱 아일랜드'의 발견이었죠. 이후에도 이런 '섬'들은 계속해서 발견되고 있어요.

플라스틱이 일으키는 가장 큰 문제는 바로 생태계 교란이에요. 종종 뉴스에 그물을 먹고 죽은 고래나 쓰레기를 삼켜서 괴로워하는 바닷새의 모습이 등장하곤 하지요. 하지만 더 심각한 것은 작은 플라스틱 조각이에요. 플라스틱이 오랜 세월 바다에서 떠돌며 햇빛에 노출되면 물리적 충격으로 잘게 부스러지는데, 많은 해양 생물들이 이 미세플라스틱 조각을 먹이로 착각하여 먹는 거예요. 그 생물들은 결국 몸속에 플라스틱이 쌓여 죽고 말아요.

이 말은 곧 우리의 식탁에도 미세플라스틱으로 오염된 해산물이 올라올 수 있다는 뜻이에요. 이를 방지하기 위해선 바닷가에 플라스틱 쓰레기를 버리지 않아야 함은 물론, 일상생활 속에서도 일회용품 등 플라스틱 사용을 줄이려는 노력이 필요해요.

휴가철에는 바다를 찾는 이들이 늘어나요. 이때 무심코 버린 쓰레기가 쌓이면 바다에는 큰 부담이 되지요. 최근에는 바닷가에 쓰레기를 버리지 않는 것을 넘어, 버려진 쓰레기를 줍는 '비치코밍(Beach combing)' 활동이 유행하고 있어요. 이번 여름 휴가에는 바닷가에서 비치코밍에 도전해 보면 어떨까요?

앞의 글을 바탕으로 '바다 쓰레기'를 주제로 쓴 글을 읽어요.

1. 바다의 쓰레기는 어떤 문제를 일으키나요?
   ▶ 미세플라스틱이 해양 생태계를 망가뜨리고 있다.

2. 왼쪽 글을 읽고 새롭게 알게 된 내용과 관련된 자기 경험을 써요.

알게 된 내용	6월 8일이 세계 해양의 날이다. 실제 플라스틱 쓰레기 섬이 존재한다. 바다로 유입되는 플라스틱 쓰레기의 양은 매년 800만 톤이다.
경험	가족들과 바다로 놀러 갔을 때, 바닷물에 떠밀려 온 다양한 쓰레기를 본 적이 있다. 그때 더럽다고 줍지 않았는데, 후회가 된다.

제목		바다 쓰레기, 지구가 아파요!
예시글	기	지난 주말, 가족과 함께 근교의 바닷가로 놀러 갔다가 놀라운 광경을 마주했다. 바닷가에는 온갖 종류의 쓰레기들이 곳곳에 흩어져 있었다. 예쁜 바다 풍경과 정말 어울리지 않는다고 생각했다.
	승	그때 아버지께서 플라스틱 섬에 관해 이야기해 주셨다. 플라스틱 섬은 플라스틱 쓰레기가 바다를 떠돌다 모여서 만들어진 거라고 하셨다. 나는 믿을 수 없어서 스마트폰으로 검색을 해 보았다. 조사 결과, 바다로 유입되는 플라스틱 쓰레기의 양이 매년 약 800만 톤에 달한다는 사실을 알게 되었다. 플라스틱은 분해되지 않고 오랜 시간 동안 바다에서 떠돌면서 햇빛과 물리적 충격 때문에 작은 조각들로 부서지게 된다고 한다. 그리고 이 미세플라스틱이 많은 해양 생물들에게 먹이로 인식되어 그들의 생명을 위협하고 있다는 것을 알았다. 또 결국 그 해양 생물을 섭취하는 우리까지 위험해질 수 있다고 한다.
	전	바다를 위해 우리라도 작은 노력이나마 해야 한다는 생각이 들었다. 그래서 우리는 비치코밍을 하기 시작했다. 중간중간에는 맛있는 간식을 즐기며 수다도 떨었다. 그렇게 2시간 동안 우리는 각자 바다 쓰레기 한 봉지씩을 채워 돌아왔다.
	결	바다는 우리의 소중한 자원이자 아름다운 공간이다. 우리의 적은 노력이 조금이라도 바다에 힘이 되기를 바란다. 앞으로도 우리 가족은 환경보호에 힘쓸 것이다.

≫ 조사한 내용을 넣어 글을 써요.

'해양쓰레기', '미세플라스틱', '비치코밍'에 대한 자료를 조사해 봐요.

지식백과 '해양쓰레기'	지식백과 '쓰레기섬'	해양쓰레기 통계자료

위 내용과 관련 있는 경험을 떠올려서 써요.

어떤 일이 있었나요? (누구와, 언제, 어디서, 무슨 일을)	
그때 무슨 생각을 했나요?	
조사한 내용을 덧붙여 볼까요?	

≫ '해양 쓰레기'에 대해 조사한 내용을 넣어 글을 써요.

해양 쓰레기에 대해 조사한 내용

해양 쓰레기가 얼마나 많은지 그 통계자료를 찾아 볼래? 그리고 비치코밍의 뜻도 알아봐.

제목	
기	
승	
전	
결	

인터넷으로 검색해 봐. 조사한 내용을 모두 사용하진 않아. 필요한 내용만 뽑아서 메모해 놓고, 나중에 활용하는 거야.

조사한 내용을 기, 또는 승에 넣으면 좋아. 군데군데 내 경험과 연결지어 설명해도 돼.

생활문은 자기 경험이 중심이어야 해. 그러니 조사한 내용이 너무 많은 분량을 차지하면 안되겠지?

IV

실전! 글쓰기 대회
편지문

편지는 마음을 나눌 수 있기에 특별해요.

감정과 생각을 담아

편지문 쓰는 방법을 익혀요.

편지문 쓰기의 정석!

1. 편지문이란?

편지문은 특정 대상에게 안부를 묻거나 글쓴이의 용건과 심정을 전달하기 위해 적어 보내는 글이에요. 쓰는 목적에 따라 사교적인 편지와 실용적인 편지로 나눌 수 있어요. 사교적인 편지에는 문안, 축하, 위문, 사과, 감사 편지 등이, 실용적인 편지에는 안내, 초대, 추천, 주문, 소개 편지 등이 있어요. 이렇듯 편지에는 다양한 형태와 목적이 있지만, 중요한 것은 진심을 전하는 거예요. 상대방을 생각하며 따뜻한 마음과 정성을 담아 글을 쓰면, 그 마음은 자연스레 전달되지요. 이제 마음을 가득 담아 진심 어린 편지를 쓰는 방법을 함께 알아봐요.

2. 편지문, 이렇게 써요

편지문 쓰기 전!	대상과 목적 정하기

편지를 받는 사람이 누구인지, 왜 편지를 쓰는지에 따라 글 내용은 많이 달라질 거예요. 누구에게 편지를 쓸 것인지를 먼저 정하고, 그 목적을 생각하며 상대에게 전하고 싶은 마음을 구체적으로 떠올려요.

편지문 쓸 때!	편지문 구조에 따라 글쓰기

편지문의 형식은 서두, 본문, 결미로 나뉘어요. 웬만하면 이 기본 틀은 꼭 지켜서 글을 써요. 본문에는 전하고 싶은 내용을 구체적으로 쓸수록 좋아요. 상대와 있었던 실제 사건, 내 생각 등을 실감 나게 표현해야 해요.

편지문을 쓰고 나서!	보고 또 보고, 고쳐쓰기

다 쓴 후에는 편지문 형식에 맞게 썼는지, 반복된 문장이나 불필요한 내용이 있는지 확인해요. 맞춤법과 높임법도 중요하니 여러 번 검토해요.

▶ 편지문의 구조란?

서두	받을 사람	• 받을 사람이 누구인지 써요. • '사랑하는', '존경하는' 등의 꾸며 주는 말을 넣을 수 있어요. 예) 사랑하는 지우에게
	안부 인사	• 받을 사람의 안부를 묻거나 자기 안부를 짧게 써요. 예) 잘 지냈니? 더워지고 있는데 건강은 어때? 난 잘 지내.
본문	사연 및 전하고 싶은 말	• 편지를 쓴 이유와 하고 싶은 말을 써요. • 편지를 쓰는 목적이 분명하게 드러나도록 써요. 예) 며칠 전 미술 시간, 네가 미술 도구를 빌려줬잖아. 덕분에 만족스러운 작품을 완성했고, 결국 상도 받을 수 있었어. 그래서 고맙다는 인사를 하고 싶었어.
결미	끝인사	상대를 응원, 축복하는 인사말로 마무리해요. 예) 좋은 일들만 가득하길 바라.
	날짜	편지 쓴 날짜를 밝혀 써요. 예) 20XX년 X월 X일
	쓴 사람	• 쓴 사람이 누구인지 써요. • 웃어른께 편지를 쓸 때는 올림, 드림과 같은 높임말을 써요. 예) 인영이가, 수빈 드림

3. 편지문, 이렇게 쓰면 안 돼요

① 예의는 필수

예의를 갖추지 않으면 마음을 전하기 어려워요. 상대에 알맞는 언어를 신중하게 선택해, 예의와 절차를 생각하며 쓰는 것이 좋아요. 특히, 웃어른께 편지를 쓸 때는 높임말을 올바르게 사용할 수 있도록 평소에 잘 연습해야겠죠?

② 전달 내용이 모호하지 않게

왜 편지를 보냈는지 정확한 이유를 알 수 있도록 써야 해요. 전달할 내용에 대해 구체적으로 쓰고, 목적에 맞지 않는 내용이 들어가지 않도록 주의해요.

③ 너무 딱딱하지 않게

직접 만나서 말하는 것이 아니라 글로 마음을 전하는 것이기 때문에 내 편지를 읽을 사람의 마음이 다치지 않게 다정하고 부드럽게 쓰는 것이 좋아요. 내 진심을 보다 잘 느낄 수 있을 거예요.

편지문 ①  글 쓴 동기 밝히기

글쓰기 주제
세계 평화

 비법 알기

'동기'란 어떤 일이나 행동을 일으키는 계기예요. 편지를 쓸 때에는 마음을 전달하기에 앞서 어떤 동기로 편지를 쓰게 된 것인지 설명하는 게 무엇보다 중요해요.

≫ 편지문을 쓴 동기와 편지를 읽어 보고, 빈칸에 알맞은 말을 써요.

동기 (편지를 쓰게 된 이유)	튀르키예 지진에 대한 뉴스 기사를 보고 가족과 집을 잃은 친구들을 위로해 주고 싶었다.

서두	튀르키예 친구들에게. 안녕? 반가워. 나는 대한민국에서 초등학교에 다니는 5학년 서원이야. 잘 지내지? 너희의 소식을 듣고 전하고 싶은 말이 있어서 이렇게 편지를 써.
본문	＿＿＿＿＿＿＿＿에 대한 뉴스 기사를 읽었어. 정말 끔찍한 일이었어. 많은 건물들이 무너져 전쟁과도 같더라. 특히 가족과 집을 잃은 아이들의 이야기가 잊히지 않아. 5만 명 이상의 사망자가 나왔다는데, 너희 가족과 친척들은 괜찮았니? 정말 많이 힘들고 슬펐을 것 같아. 그래서 이렇게 편지라도 써서 ＿＿＿＿＿＿＿어. 아주 무서웠지? 우선, 힘내라고 말해 주고 싶어. 전 세계 모든 사람들이 너희 나라를 응원하고 있다는 것을 기억해 줘. 혼자가 아니야. 기사를 찾아 보니 아직도 집이 복구되지 않아 야외에서 텐트를 치거나 좁은 컨테이너 집을 만들어 살고 있는 주민들이 많다고 하더라. 식사도 간편식으로 해결하고 말이야. 힘들고 가혹한 상황일테지만 언젠가는 끝이 날 거야. 잘 이겨낼 수 있을 거라 믿어. 그리고 너희 나라는 지진이 잘 일어날 수 있는 지형이라 이런 재난이 또 발생하기 쉽대. 앞으로 다시 지진과 같은 자연재해를 겪게 된다 해도 너희가 다치지 않았으면 좋겠어. 나도 늘 기도할 거야. 너희들은 튀르키예의 빛이고 미래야. 그러니까 이 어려운 시기를 잘 견디고, 힘내서 얼른 일상으로 돌아가길 바라. 공부도 열심히 하고 말이야. 나도 열심히 공부해서 나중에 꼭 너희 나라에 놀러 갈 거야. 우리 그때 만나자.
결미	애들아, 이 편지가 조금이라도 너희들에게 위로와 힘이 되었으면 좋겠어. 앞으로 건강하고 안전한 하루하루를 보낼 수 있기를 바라며 이만 인사할게. 잘 지내, 안녕! 202○년 ○월 ○일 한국 친구, 서원이가

>> 글 쓴 동기가 무엇인지 파악하면서 편지문을 읽고, 빈칸에 알맞은 말을 써요.

주제	어려움을 겪는 탄자니아 친구들에게 전하는 희망 편지
서두	탄자니아 친구들에게. 안녕? 난 대한민국에 사는 4학년 지원이라고 해. 직접 만날 수 있으면 좋겠지만, 편지로라도 인사를 할 수 있어서 정말 반갑고 좋아. 3월 22일, UN에서 지정한 '세계 물의 날'을 맞아 학교에서 물부족을 겪는 동아프리카 국가인 너희 나라에 대한 영상을 봤어. 보고 나니 너희에게 꼭 전하고 싶은 마음이 떠오르더라고. 그래서 지금 이렇게 글을 쓰게 된 거야.
본문	영상 속에서 너희들이 살아가는 장면을 보니, 물이 부족하여 많이 힘들어 보이더라. 마실 물을 찾아 헤매다가 흙탕물을 마시는 모습을 보고는 많이 놀라기도 했고, 참 마음이 아팠어. 오염된 물을 식수로 사용하면 여러 질병에 걸리기 쉽다는데, 지금 너희들은 괜찮니? 나는 내가 물이 부족한 나라의 친구들을 위해 무엇을 할 수 있을지 고민해 보았어. 무엇보다도 앞으로는 물을 아껴서 사용할 거야. 우리나라에서는 수도꼭지만 틀면 물이 철철 흘러나와. 정수기 버튼을 슬쩍 누르기만 해도 마실 수 있는 깨끗한 물이 나오지. 그래서인지 그동안 난 물의 소중함을 모르고 낭비하면서 지냈어. 예를 들면 나는 샤워할 때나 양치할 때 수도꼭지를 계속 틀어 뒀어. 자주 화장실에 다녀오면서 변기의 물도 쉽게 내려 버렸지. 그 행동들이 물을 얼마나 낭비하는 것인지를 이번 계기로 알게 되었어. 많이 반성하고 있어. 앞으로는 씻을 때 물을 받아 놓고 사용할 예정이야. 이 닦는 동안 물이 낭비되지 않게 양치 컵도 사용할 거야. 아, 또 변기 물통 안에 벽돌을 넣어 두기로 했어. 이렇게 하면 물을 절약할 수 있대. 이렇게 앞으로는 물을 아껴 쓰는 습관을 가질 거야. 그리고 너희 나라에도 얼른 수도 정화시설이 갖춰져서 깨끗한 물을 마음껏 사용할 수 있게 됐으면 좋겠다.
결미	얘들아, 힘들겠지만 이 편지가 너희들에게 작은 힘이 될 수 있었으면 좋겠어. 우리 나중에 꼭 만나자. 그때까지 건강하게 지내. 2020○년 ○월 ○일 항상 응원하는 친구, 지원이가

지원이는 _____을 보고 탄자니아 친구들에게

전하고 싶은 마음을 _____로 썼어.

>> 전쟁을 반대하는 주장을 담은 글을 읽어요.

여러분은 내 모습을 떠올려야 합니다

2003년, 샬롯 앨더브론이라는 13살의 미국 소녀가 전쟁을 반대하는 호소문을 썼어요. 한 신문사 인터뷰에서는 "미국 사람들은 전쟁을 게임이나 영화로 생각해요."라고 말하며 무자비한 살육과 학살이 자행되는 전쟁을 비판했지요. 전 세계인을 감동하게 한 샬롯의 글을 읽어 보세요.

이라크에는 1천 200만 명의 아이들이 살고 있습니다. 바로 저와 같은 아이들이요. 저는 열세 살이니까, 어떤 아이들은 저보다 나이가 좀 많을 수도 있고, 저보다 훨씬 어릴 수도 있고, 남자아이일 수도 있고, 저처럼 붉은 머리가 아니라 갈색 머리일 수도 있겠죠. 하지만 그 아이들은 바로 저와 너무나 비슷한 모습의 아이들입니다.

저를 한번 보세요. 찬찬히 오랫동안. 여러분이 이라크에 폭탄을 떨어뜨리는 걸 생각했을 때, 여러분 머릿속에는 바로 제 모습이 떠올라야 합니다. 저는 여러분이 죽이려는 바로 그 아이입니다. 이건 액션 영화도 아니고, 공상 영화도 아니고, 비디오 게임도 아닙니다. 바로 이라크의 아이들이 처한 현실입니다.

아주 어린 아이들까지도 전쟁이 뭔지 알고 있고 전쟁을 두려워하고 있습니다. 다섯 살짜리 아셈에게 전쟁이 뭐냐고 물었더니, 아셈은 "총과 폭탄에 날씨는 춥거나 덥고, 우리가 불에 타게 되는 것"이라고 말했습니다. 열 살 먹은 아에사는 부시 대통령에게 이렇게 전해 달라고 말했습니다. "이라크의 수많은 아이들이 죽을 거예요. 당신이 TV에서 아이들이 죽는 걸 보게 되면 후회할 거예요."

우리는 우리가 언제 죽을지 모를 때 두렵습니다. 우리는 사람들이 우리를 죽이려 하거나 다치게 하거나 미래를 훔치려 할 때 화가 납니다. 우리는 내일도 엄마와 아빠가 살아있기만을 바랄 때 슬퍼집니다. 그리고 마지막으로, 우리는 우리가 뭘 잘못했는지 모를 때 혼란스럽습니다.

≫ 앞의 글을 바탕으로 전쟁으로 힘들어하는 아이들에게 쓴 편지문을 읽어요.

샬롯은 무엇을 주장하고 있나요?	그 주장의 근거는 무엇인가요?
전쟁을 하지 말아야 한다.	• 죄 없는 어린아이들이 전쟁으로 두려움에 떨고 있다. • 많은 아이들이 희생되고 있다.

서두	우크라이나 친구들에게. 안녕? 난 대한민국에 사는 6학년 이세진이라고 해. 안전하게 잘 지내고 있니?
본문	우크라이나 소식은 텔레비전 뉴스와 신문으로 알게 되었어. 아픔을 겪고 있는 우크라이나 친구들을 생각하니 마음이 너무 아팠어. 너희들이 걱정되기도 하고, 응원과 격려의 마음을 전하고 싶어서 이렇게 편지를 써. 전쟁은 어떠한 이유로도 일어나서는 안 된다고 생각해. 씻을 수 없는 고통을 안겨 주잖아. 학교에 가지 못하고, 친구들과 놀지 못하는 등 일상이 망가질 뿐만 아니라, 최악의 상황에는 가족들을 잃을 수도 있어. 물론 난 우크라이나의 힘든 상황을 온전히 이해하지는 못해. 하지만, 항상 너희와 함께 할 준비가 되어 있어. 지금처럼 희망의 메시지와 전쟁에 반대한다는 생각을 전하며 살기 위해 노력할 거야. 너희는 우크라이나의 미래를 만들어갈 희망의 꽃이니까, 용기와 힘을 내서 이겨내길 바라. 이라크 아이들 대부분이 전쟁 때문에 두려움에 떨며 산다는 것을 들은 적이 있어. 너희들도 오랜 기간 전쟁에 노출되다 보면 그들처럼 절망하고 좌절하게 될 지도 몰라. 하지만 지금의 어려움을 견디다 보면 언젠가 밝은 미래가 올 거야. 그리고 너희는 그 미래에서 꿈을 이루게 될 거야. 그러니까 우리 함께 평화롭고 희망이 가득한 미래 세상을 만들어 가자.
결미	얘들아, 너희들을 늘 지지하고 응원할게. 그리고 너희가 힘을 내고 어려움을 극복하길 원해. 절대로 희망을 잃지 마. 힘든 시간일지라도 언젠가는 모든 것이 끝이 나고 평화로운 날들이 돌아오리라 믿어. 사랑과 희망을 담아, 안녕. 2020○년 ○월 ○일 한국에서 세진이가

113

글쓰기 도전

≫ 물이 부족해 어려움을 겪는 케냐의 '나비로'에 관한 영상을 보고 빈칸을 채워요.

물부족국가 아이들

영상을 보고 알게 된 내용	
전하고 싶은 마음	
편지를 쓰고 싶은 이유	

≫ 나비로에게 쓴 편지의 서두예요. 편지를 쓴 동기를 생각하며 알맞은 말을 써요.

나비로에게.

안녕, 나비로? 나는 ＿＿＿＿＿＿＿＿＿＿＿＿＿＿＿ 라고 해. 잘 지내고 있니?

네가 어떻게 생활하는지 영상을 보게 되었어. ＿＿＿＿＿＿＿＿＿＿

＿＿＿＿＿＿＿＿＿＿＿＿＿＿＿＿＿＿＿＿＿＿＿＿＿＿＿＿

＿＿＿＿＿＿＿＿＿＿＿＿＿＿＿＿＿＿＿＿＿＿＿＿＿＿＿＿

＿＿＿＿＿＿＿＿＿＿＿＿＿＿＿＿＿＿＿＿＿＿＿＿＿＿＿＿

(고) 싶더라. 그래서 이렇게 편지를 쓰게 된 거야.

>> 편지를 쓴 동기를 밝히며 다른 나라 친구에게 마음을 전하는 편지문을 써요.

동기	
내가 알고 있는 사실	
전하고 싶은 마음	

산불이나 지진, 태풍 등의 자연재해로 고통 받는 나라를 검색해 보고, 그 나라에 대해 알고 있는 사실을 써 봐.

그 친구들에게 어떤 마음을 전하고 싶은지 간단하게 정리해 봐.

서두

서두에는 받을 사람을 쓰고, 그 아래에 인사말, 날씨 관련 안부, 자기 소개, 편지를 왜 쓰게 되었는지 등을 적어 봐.

본문

내가 알고 있는 그 친구들의 상황을 쓰고 나라면 어땠을지 공감해 봐. 그리고 전하고 싶었던 마음을 써.

결미

끝인사를 한 후, 앞으로의 약속을 해 봐. 너의 바람을 써도 좋을 거야. 마지막에는 쓴 날짜와 네 이름을 쓰면 돼.

있었던 일 쓰기

비법 알기

감사 편지를 쓸 때는 고마웠던 상황을 구체적으로 써요. 어떤 일이 있었는지, 그때 무슨 생각이 들었는지 쓰면 더욱 효과적으로 마음을 전달할 수 있을 거예요.

≫ 편지문을 읽으며 어떤 일이 있었는지 확인해 보고, 빈칸에 알맞은 말을 써요.

고마운 일	엄마가 다리를 다쳐서 입원하신 후 엄마의 빈자리가 크게 느껴졌고, 평소 엄마의 보살핌과 사랑이 있었음을 알게 되었다.

서두	사랑하는 엄마께 엄마, 안녕하세요? 첫째 딸 지안이에요. 너무 소중한 엄마께 감사한 마음을 전하고 싶어서 이렇게 편지를 써요.
본문	지난 달에 운동하다 넘어져 다치셨잖아요. 수술 후 엄마는 병원에 입원하셨고, 엄마를 돌보신다고 아빠께서도 퇴근 후에는 늘 집과 병원을 왔다 갔다 하셨죠. 늘 부모님은 제 곁에서 저를 돌봐주는 분이라고 생각했던 것 같아요. 특히 엄마가 제 곁에 없으니 그 가 엄청 크게 느껴져요. 밥부터 간식, 옷 챙겨 입는 것과 준비물 챙기는 것까지 그동안 엄마께서 얼마나 저를 는지 알게 되었어요. 그런 줄도 모르고 하나하나 챙겨 주시던 엄마께 짜증도 많이 냈었는데, 많이 반성하고 있어요. 당연하다고 생각했던 일들이 모두 부모님의 노력과 사랑이었다는 것을 요즘 실감하고 있어요. 그 소중한 사랑에 감사함을 느껴요. 오늘의 저를 있게 해 주신 엄마의 은혜를 늘 생각하며 살 거예요. 아프고 많이 힘드시죠? 예전에 제가 다쳤을 때는 엄마와 아빠께서 뭐든 도와주시고, 힘이 되어 주셨는데, 아무리 고민해 봐도 저는 해 드릴 것이 없어요. 그래서 정말 죄송해요. 엄마가 제게 힘이 되는 것처럼, 저 또한 엄마께 힘이 되어 드릴게요. 집안일도 하고, 제 할 일도 알아서 잘 해낼게요.
결미	제 마음이 엄마에게 잘 전해졌으면 좋겠어요. 엄마, 늘 건강하시고 행복하시길 바라요. 사랑해요! 202○년 ○월 ○일 언제나 엄마의 딸 지안 올림

어떤 일이 있었는지 파악하면서 편지문을 읽고, 빈칸에 알맞은 말을 써요.

서두	사랑하는 김소원 선생님께. 선생님, 안녕하세요? 저는 작년 5학년 1반 김지우예요. 건강히 잘 지내시죠? 오늘 수업 시간에 고마웠던 일에 관해 이야기했는데, 작년에 선생님과 함께 과학 대회를 준비했던 일이 바로 떠올랐어요. 감사의 마음을 전해 드리고 싶어 이렇게 편지를 쓰게 되었습니다.
본문	"지우야, 과학 토론 대회에 나가 보지 않을래?" 작년 3월, 선생님의 이 한마디로 대회 준비를 시작했었죠. 선생님께서는 과학자가 꿈이라는 저의 일기장 내용을 보시고 제게 이런 기회를 제안한다고 하셨어요. 솔직히 처음에는 힘들었어요. 자료를 조사하면서 생각했던 것보다 내용이 너무 어려워 그만둘까 망설이기도 했었어요. 하지만 2개월쯤 지나니 많은 게 달라졌어요. 처음 준비를 시작했을 때와 비교해서 스스로 정말 많이 성장했다는 느낌이 들었거든요. 과학 지식이 늘어난 건 물론이고, 토론 절차나 말하는 방법을 익히니 자신감도 생겨났어요. 소심했던 제가 당당하게 말할 수 있게 된 건, 다 선생님의 끊임 없는 도움과 가르침 덕분이에요. 대회 직전, 떨리는 제 손을 잡아 주시며 응원해 주셨던 게 아직도 기억에 남아요. 그렇게 금상을 받고 전교생 앞에 섰을 때는 정말 영광스러웠어요. 선생님, 정말로 감사합니다. 선생님께서 제안해 주시지 않았다면 저는 대회에 나갈 생각조차 하지 못했을 거예요. 선생님께서 꾸준히 응원하고 지도해 주신 덕분에 상을 받을 수 있었고, 이제 저는 '과학자'라는 꿈을 한층 더 이루고 싶어졌어요. 앞으로도 저는 계속 훌륭한 과학자가 되기 위해 노력할 거예요. 선생님께서 제게 보여 주신 배려, 끈기와 열정을 모범으로 삼아서 공부도 열심히 하고, 책도 많이 읽을 거예요. 선생님의 멋진 가르침과 사랑을 받은 한 학생으로서, 평생 선생님을 기억하며 살겠습니다.
결미	선생님께서 언제나 건강하시고 행복하시길 바라요. 고맙습니다. <div align="right">2020○년 ○월 ○일 김지우 드림</div>

지우는 _____ 경험을 떠올리며

선생님께 _____ 한 마음을 담아 편지를 썼구나.

>> '감사의 중요성'을 담은 글을 읽어요.

감사의 효과

최근, '무엇이 사람을 행복하게 하는가?'에 대한 연구가 활발해지면서 '감사의 과학적 효과'에 관한 관심도 늘어났어요.

캘리포니아주립대의 로버트 에먼스 교수는 한 가지 실험을 했어요. 실험 참가자들에게 매주 다섯 가지씩 감사했던 점을 찾아 10주간 기록하게 한 거예요. 실험 결과는 놀라웠어요. 감사 일기를 쓰고 난 뒤 참가자들의 행복도가 25%나 상승했거든요. 참가자들은 더 긍정적으로 변화했고 가족을 비롯한 주변 사람들에게 친절해지면서 삶의 만족도가 상승했어요. 또, 잠도 더 깊이 자고 평소에 잘 하지 않던 운동도 하게 되어 건강도 좋아졌지요. 감사하는 마음이 불안과 우울을 낮게 해 준다는 것도 밝혀졌어요.

한편 켄터키주립대의 네이선 디월 교수는 감사하는 마음을 연습하면 똑같은 스트레스 상황이 찾아와도 감사하는 마음을 연습하지 않은 사람에 비해 영향을 적게 받는다는 연구 결과를 발표했어요. 감사하는 마음은 마음에 보호막을 형성해서 외부의 스트레스가 쉽게 뚫고 들어오지 못하도록 심리적 저항력을 길러 준다는 거예요.

감사하는 마음을 가지는 것뿐만 아니라 표현하는 것도 중요해요. 펜실베이니아대의 마틴 셀리그먼 교수는 감사하는 마음을 짧은 글로 써서 좀 쑥스럽더라도 상대방 앞에서 천천히 읽어 보라고 제안했어요. 이런 행동이 우리의 행복감을 증대시키고 우울한 마음을 없애 준다는 거지요.

그렇다면, 감사를 어떻게 표현하면 좋을까요? 가장 효과적인 방법은 바로 편지 쓰기예요. 상대방에게 어떻게 감사하는 마음을 갖게 되었는지를 편지에 구체적으로 담으면 상대방에게 감동을 줄 수 있을 뿐만 아니라 편지를 쓰는 나의 마음도 따뜻해져요. 모두, 감사 편지를 쓰며 고마운 마음을 전해 보아요.

>> 앞의 글을 바탕으로 고마움을 담은 편지문을 읽어요.

감사 편지를 받는 사람은 어떤 마음이 들까요?	감사 편지는 쓰는 사람에게 어떤 도움이 될까요?
자신에 대한 상대방의 고마움을 알게 되어 감동한다.	긍정적인 생각으로 행복해지고, 마음이 따뜻해진다.

서두	사랑하는 이준후 의사 선생님께. 안녕하세요, 선생님. 선생님께 진료를 받고 있는 차지훈이에요. 3개월 전 진료 이후로는 뵙지 못했는데, 그동안 잘 지내셨죠? 저는 선생님께서 말씀해 주신 것들을 잘 지켜서 그런지 별 문제 없이 건강히 잘 지내고 있어요.
본문	어릴 때부터 아토피랑 비염으로 너무 힘들었어요. 저는 기억이 잘 안 나지만, 엄마 말씀으로는 제가 다른 병원에서는 무섭다고 울면서 치료를 받지 않겠다고 떼를 썼는데, 유독 선생님 진료는 즐겁게 받았대요. 선생님께서 늘 다정하게 대해 주셔서 그런가 봐요. 저번 진료 때 맛있는 과자랑 라면을 못 먹어서 어떡하냐고 제 손을 잡고 안쓰럽게 말씀하시던 선생님이 정말 친근하게 느껴졌어요. 선생님 덕분에 이제는 간지러움도 사라지고, 재채기와 콧물도 많이 줄어서 훨씬 편안해요. 저학년 때만 해도 간지럽고 콧물이 나서 학교에서 수업도 제대로 듣기 어려웠는데, 이제는 집중이 잘 되고 수업도 잘 따라갈 수 있어요. 피부랑 인상도 좋아졌고요. 이런 변화들 모두 선생님 덕분이에요. 진심으로 감사하게 생각하고 있어요. 선생님 덕분에 건강도 좋아졌지만, 저는 선생님께 상대를 배려하는 법, 믿음을 주는 법, 마음 편하게 해주는 법 같은 것도 배우게 된 것 같아요. 저도 나중에 꼭 선생님 같은 분이 될 거예요. 다른 사람들이 좀 더 행복한 일상을 누릴 수 있게 도와주는, 세상에 꼭 필요한 사람이요.
결미	이런 저의 감사하는 마음이 선생님께 잘 전달되었으면 좋겠어요. 고맙습니다, 선생님. 항상 건강하시고 행복하시길 바라요. 2020○년 ○월 ○일 차지훈 드림

 **글쓰기 도전**

≫ 있었던 사건을 편지문에 자세히 나타내는 연습을 해요.

부모님께 감사했던 상황을 떠올려서 써 봐요.

감사했던 상황	
누구와	
언제	
어디에서	
무슨 일 (그 당시 대화)	
내 생각	

있었던 일과 그때 내 생각, 전하고 싶은 말을 편지로 나타내요.

≫ 내 주변의 사람에게 고마운 마음을 전하는 편지문을 써요.

고마운 사람	
고마웠던 일	
그 이유	

어떤 마음을 전하고 싶은지 간단하게 써 봐.

서두

받을 사람을 먼저 써. 그 아래에 첫인사, 안부 인사, 자기 소개를 하면 돼. 그리고 왜 편지를 쓰게 되었는지 간단히 설명하면 좋겠지?

본문

상대에게 고마움을 느낀 상황에 대해 자세히 묘사해 봐. 육하원칙(누가, 언제, 어디서, 무엇을, 어떻게, 왜)에 기초해서 구체적으로 써야 해. 그리고 네 마음을 표현해 봐.

결미

끝인사를 한 후, 한번 더 고마움을 전해. 앞으로의 다짐을 써도 좋을 거야. 마지막에는 날짜와 네 이름을 쓰면 돼.

상대 생각하며 쓰기

글쓰기 주제
역사

 비법 알기

> 역사 속 인물에게 편지를 쓸 때는 그 인물에 대한 설명이 필요해요. 인물의 특징이나 살아 온 삶의 내용이 내 생각의 근거가 될 수 있을 거예요.

》 편지문을 읽으며 받는 사람의 정보를 찾아보고, 빈칸에 알맞은 말을 써요.

받는 사람 정보 (이순신)	• 조선 인종(1545)에 출생 • 무과 급제 • '내 죽음을 알리지 마라.'	• 말타기, 활쏘기, 글씨 쓰기를 잘함 • 거북선 제조 • 임진왜란에서 왜적을 무찌름

서두	존경하는 이순신 장군님께. 안녕하세요, 이순신 장군님! 저는 이제 막 6학년이 된 13살 김준서라고 해요. 어렸을 때부터 장군님에 관한 이야기, 만화, 영화 등은 빼놓지 않고 다 봤을 정도로 팬이에요.
본문	장군님은 [　　　　　　]년에 태어나셨죠? 장군님께서는 어린 시절부터 전쟁 놀이도 자주 하시고, 말 타기, 활 쏘기 등을 잘 하셨다고 책에서 읽었어요. 또 글씨도 잘 쓰셨다고요. 정말 여러 가지 재능을 갖고 계셨던 것 같아요. 장군님을 생각하면 '강직', '충성' 같은 단어가 떠올라요. 물론 타협하지 않는 강직함 때문에 주변 사람들의 시기를 받기도 하셨지만, 전 그 덕분에 장군님이 [　　　　　　]에서 왜군을 격파하신 거라고 생각해요. 거북선을 직접 만들어서 탁월한 전쟁 기술을 펼치시고, 돌아가시는 순간까지 아군의 사기가 떨어질까 염려되어서 "[　　　　　　　　　]"라고 말씀하신 것 등 모두 정말 존경스러워요. 고난에 처한 상황에서도 흔들리지 않고 우리나라를 지키기 위해 용기 있게 나아가셨던 장군님의 헌신에 큰 감동을 받았어요. 희생을 감수하면서도 국가를 최우선으로 여기는 모습이 진정한 지도자의 자질인 것 같아요. 저도 장군님처럼 나라를 지키는 사람이 되고 싶어요. 꼿꼿하고 우직한 성품도 본받아서 멋진 군인이 될 거예요.
결미	이순신 장군님은 저의 영원한 영웅일 거예요. 다시 한번 장군님께 깊은 감사와 존경을 드려요. 하늘나라에서 제가 꿈을 이루는 과정을 잘 지켜봐 주세요. 그럼 안녕히 계세요. <div align="right">2020○년 ○월 ○일 김준서 올림</div>

≫ 상대가 어떤 인물인지 파악하면서 편지문을 읽고, 빈칸에 알맞은 말을 써요.

서두	존경하는 세종대왕님께. 안녕하세요? 저는 21세기 한국에 살고 있는 박유정이라고 해요. 이렇게 편지를 쓸 수 있게 한글을 만들어 주셔서 정말 감사합니다.
본문	혹시 현대의 사람들이 세종대왕님을 천재적인 조선의 네 번째 왕이라고 부르는 걸 알고 계시나요? 위인전을 읽어 보니 대왕님의 업적은 다 설명할 수 없을 정도로 많았어요. 특히, 한글 창제는 우리 문화를 더욱 풍요롭게 만들어 주었어요. 그 당시에는 많은 백성들이 어려운 한자 때문에 글을 읽고 쓰지 못해서, 세종대왕님께서 평민들도 쉽게 배우고 사용할 수 있는 한글을 만드신 거라고 배웠어요. 지금은 우리 민족뿐만 아니라 전 세계 수많은 외국인들마저 우리 한글을 좋아하고 배우려 하고 있어요. 만약 지금 세종대왕님께서 살아계셨다면 정말 뿌듯하셨을 거예요. 이것 말고도 세종대왕님이 탁월한 재능을 펼친 분야는 아주 많지요. 과학 기술, 음악, 예술 등 여러 면에서 조선을 균형 있게 발전시키셨어요. 여러 가지 발명들과 기술 개발도 이끄셨고, 예술과 음악 분야에서도 문화적 발전을 이루셨지요. 하지만 그 모든 것들 중에 저에게 가장 인상적이었던 것은 백성들을 생각하는 위대한 지도자로서의 모습이었어요. 세종대왕님께서는 백성들의 삶을 풍요롭게 하기 위해 애쓰셨어요. 농업 발달을 위해 노력하시고, 농민들의 삶을 개선하기 위해 혁신적인 정책과 기술을 도입하셨죠. 이런 노력들이 저에게는 큰 감동으로 다가왔어요.
결미	며칠 전 서울의 광화문 광장에 다녀왔어요. 그곳에는 세종대왕님의 커다란 동상이 있어요. 그 앞에서 사진도 찍었는데 정말 기분이 좋았어요. 앞으로도 세종대왕님의 업적을 영원히 기억하며, 대왕님께서 남기신 가르침과 유산을 잘 이어나가기 위해 노력할게요. 감사합니다. 　　　　　　　　　　　　　　　　　　　　　　　　　 2020○년 ○월 ○일 　　　　　　　　　　　　　　　　　　　　　　　　　　　 박유정 올림

유정이는 세종대왕의 업적 중 _____

_____ 등을

떠올리며 감동과 존경하는 마음을 담아 편지를 썼어.

 **글쓰기 엿보기**

≫ 안중근 의사에 관한 글을 읽어요.

우리들의 영웅, 안중근

　　1905년, 러일 전쟁에서 승리한 일본은 강제로 을사늑약을 체결해 대한 제국의 외교권을 빼앗았어요. 이후 1907년 일본은 고종을 강제로 퇴위시키고 대신 순종을 황제에 앉혔어요. 29세의 청년 안중근은 러시아로 건너가 항일 의병 투쟁을 할 것을 결심했어요. 1908년 봄, 안중근은 러시아 블라디보스토크에서 다른 독립운동가들과 함께 의병 부대를 조직해 항일 무장 투쟁을 본격적으로 시작했어요. 그리고 1909년 3월, 동의단지회를 결성하고 조국을 위해 목숨을 바치기로 결의했어요. 11명의 동지와 함께 왼손 약지를 잘라 태극기에 피로 '대한 독립'이라고 쓴 뒤 만세를 불렀지요.

　　1909년 가을, 안중근은 일본의 이토 히로부미가 만주 하얼빈을 방문한다는 소식을 들었어요. 이토 히로부미는 을사늑약 당시 대한 제국을 침략하는 데 가장 앞장선 인물이었어요. 안중근은 이토 히로부미를 처단하여 일본의 나쁜 의도를 세계에 알릴 좋은 기회라고 생각했어요. 1909년 10월 26일 9시경 중국의 하얼빈역, 이토 히로부미가 열차에서 내린 것을 본 안중근은 재빨리 권총을 꺼내 쏘았어요.

　　"탕! 탕! 탕!"

　　3발의 총알을 맞은 이토 히로부미는 그 자리에 쓰러졌어요. 러시아 헌병들이 안중근을 체포하고, 이토 히로부미는 열차로 옮겨져 치료를 받았으나 결국 숨을 거두었어요. 중국 뤼순에 있는 일본 대사관으로 보내진 안중근에게 일본 검찰관이 왜 이토 히로부미를 죽였는지 묻자, 안중근은 다음과 같이 대답했어요.

　　"나는 다음과 같은 이유로 이토 히로부미를 처단하였소. 첫째, 명성 황후를 시해한 죄. 둘째, 을사늑약을 강제로 체결한 죄. … 넷째, 고종 황제를 폐위시킨 죄. 다섯째, 대한 제국의 군대를 해산시킨 죄. 여섯째, 무고한 사람들을 학살한 죄. 한국인의 권리를 박탈한 죄. … 열두 번째, 동양의 평화를 깨뜨린 죄. … 열다섯 번째, 일본과 세계를 속인 죄."

　　1910년 3월 26일, 안중근은 뤼순 감옥의 사형장에서 32세의 짧은 생을 마쳤어요. 안중근이 사형 직전 자신을 데리러 온 간수에게 마지막으로 남긴 말은 "5분만 시간을 주십시오. 책을 다 읽지 못했습니다."였다고 해요. 죽음조차 그의 당당함과 기개를 꺾을 수 없었어요.

>> 앞의 글을 바탕으로 안중근 의사에게 쓴 편지문을 읽어요.

안중근 의사가 총을 쏜 이유	안중근 의사에게 본받을 점
이토 히로부미가 대한 제국을 침략하는 데 앞장선 인물이라서	자신의 몸을 희생하면서까지 독립을 위해 노력한 것

서두	우리들의 영웅, 안중근 선생님께 안녕하세요? 저는 ○○초등학교 4학년 2반 안주원이라고 합니다. 며칠 전 〈영웅〉이라는 영화를 보고 선생님의 삶에 대해 알게 되었어요. 선생님께 존경의 마음을 전하고 싶어 이 편지를 씁니다.
본문	안중근 선생님께서는 조국의 자유를 위해 목숨을 희생하셨습니다. 선생님께서 이토 히로부미를 저격한 순간 우리 민족은 독립에 대한 희망을 보았을 거예요. 사형 직전까지도 글을 쓰고 책을 읽었던 선생님의 꼿꼿한 정신과 재판 중에도 만세를 부르던 감동적인 모습은 아직도 제 마음 속에 오롯이 남아 있습니다. 사실 요즈음의 한국 사회에는 개인주의가 만연해서 남의 일에는 잘 관심을 갖지 않아요. 공동체 의식을 가진 사람들을 찾기도 힘들고요. 그래서 독립운동을 하셨던 분들의 희생과 헌신이 더더욱 큰 가르침을 주는 것 같습니다. 저 또한 선생님을 보며 깨달은 점이 많아요. '나 하나쯤이야'라는 생각으로 못 본 척했던 것들이 참 많거든요. 힘든 걸 참기도 싫어하고요. 많이 반성했답니다. 선생님께서는 나라 안팎에서 의병운동을 하셨고, 학교를 세워 교육에도 힘쓰셨지요. 특히 뜻이 같은 동지들과 함께 손가락 한 마디를 끊어 혈서를 쓰신 이야기는 믿기지 않을 정도였습니다. 선생님의 헌신이 있었기에 저희가 지금 이렇게 자유롭게 살 수 있다고 생각해요. 항상 선생님의 가르침을 이어받아 더욱더 강한 민족으로 성장하고, 자주적인 나라가 될 수 있도록 노력할게요.
결미	안중근 선생님, 하늘나라에서도 대한민국의 앞날을 응원해 주세요. 선생님의 희생이 헛되지 않도록 저도 열심히 노력하겠습니다. 2020○년 ○월 ○일 안주원 드림

≫ 인물의 업적과 그에 대한 생각을 편지문에 자세히 나타내는 연습을 해요.

아래 영상을 보거나, 인물에 대한 자료를 더 조사하여 업적을 써요.

소파 방정환 선생님의 업적 소파 방정환	
업적에 대한 내 생각	
전하고 싶은 말	

큐알코드를 찍으면 방정환 선생님 관련 영상이 뜰 거야. 다른 내용도 찾아보고 방정환 선생님의 업적을 알아볼래?

▼

서두	소파 방정환 선생님께 안녕하세요, 선생님? 저는 _____입니다. 1년 중 가장 좋은 날을 꼽는다면 당연히 5월 5일 어린이날이에요. 그런데 이 '어린이'라는 말이 자리 잡은 데에는 선생님의 공이 크다고 들었어요. 그래서 감사의 마음을 전하기 위해 이렇게 편지를 써요.
본문	
결미	 2020○년 ○월 ○일 _____ 드림

방정환 선생님의 업적과 그에 대한 내 생각을 써 봐.

≫ 위인에게 마음을 전하는 편지문을 써요.

인물에 대한 정보	
내 생각 (전하고 싶은 마음)	

상대를 조사해 봐.
그분의 업적에 대해
알아 보면, 그에 대한
네 생각도 구체적으로
떠오를 거야.

서두

받을 사람을 먼저 써.
그 아래에 첫인사, 안부 인사,
자기소개를 하면 돼. 그리고 왜
편지를 쓰게 되었는지 간단히
설명하면 좋겠지?

본문

내가 정한 인물의 업적에
대해 써 봐. 그에 대한
네 생각도 표현하면
좋을 거야.

결미

끝인사를 한 후,
한번 더 그 인물에게
전하고 싶은 말을 써 봐.
앞으로의 다짐을 써도 좋아.
마지막에는 쓴 날짜와
네 이름을 쓰면 돼.

편지문 ④ 마음 표현은 구체적으로!

 비법 알기

> 서운한 마음, 행복한 마음, 믿거나 화나는 마음 등을 구체적인 단어를 사용하여 글로 표현해 보세요. 편지를 받는 사람이 내 마음을 더 잘 이해하고, 관계가 훨씬 돈독해질 거예요.

≫ **편지문을 읽으며 글쓴이의 마음을 알아보고, 빈칸을 알맞게 채워요.**

글쓴이의 마음	단짝인 연서가 전학 온 다른 친구와 친하게 지내서 서운한 마음, 서운하다고 화를 냈던 일에 대한 미안한 마음

서두	사랑하는 연서에게. 연서야, 안녕? 난 효주야. 네게 전해 주고 싶은 마음이 있어서 이렇게 편지를 쓰게 되었어.
본문	우리가 절친으로 지내 온 것도 벌써 3년이나 됐네. 나는 배려심 많고, 예쁘고, 공부도 잘하는 연서 네가 내 친구라는 게 정말 좋았어. 너와 함께 그림 그리며 논 시간들은 나에게 정말 행복한 추억이야. 사실, 한 달 전에 전학 온 강희랑 네가 부쩍 친해진 것 같아서 좀 겁이 났던 것 같아. 너와 멀어지는 느낌이 들어서 마음이 [_____]. 특히 강희 생일 파티에 네가 간다는 이야기를 듣고 더 그랬나 봐. 너는 내 마음을 배려해서 조심스럽게 말했는데, 나는 화도 내고 울어버렸지. 연서야, 정말 [_____]. 많이 당황스러웠지? 우는 나를 달래 주면서 네가 한 말이 아직도 기억에 남아. "미안해, 효주야. 나도 같이 가고 싶은데, 내 마음대로 할 수 있는 게 아니라서. 그래도 강희한테 너랑 같이 가도 되냐고 말해 볼게. 아, 그리고 이번 주말에 같이 놀래? 나 새 보드게임 샀거든. 그림 그리면서 하는 게임이라서, 보자마자 네 생각이 나더라." 난 아직 널 따라가려면 멀었어. 늘 친절하고 배려하는 너를 어떻게 좋아하지 않을 수 있겠어? 그동안 난 내 마음만 생각했어. 네 입장도 있는데, 내 서운함만 떠올리며 너를 탓하고 말이야. 나도 널 배려하도록 노력할 거야. 지금 이 우정이 변치 않도록 서로 더 이해해 주자!
결미	연서야, 우리 늘 사이좋게 지내자. 이번 주말에 너희 집에 놀러 갈 거야. 이 편지를 들고서. 사랑해, 친구야! 2020○년 ○월 ○일 너의 절친 효주가

≫ 편지문을 읽으며 글쓴이의 마음을 알아보고, 빈칸을 알맞게 채워요.

서두	고마운 호재에게. 　호재야, 안녕? 나 민준이야. 갑작스러운 편지라 놀랐지? 네게 고마운 마음을 전하고 싶어서 이렇게 편지를 써.
본문	사실 난 책을 별로 좋아하지 않았어. 그런데 올해 너랑 같은 반이 되고 친해지면서 책을 많이 읽게 됐어. 사실 너를 처음 봤을 때는 조용히 앉아서 책을 읽는 모습을 보고 좀 이상하다고 생각했어. 그런 친구를 처음 봤거든. 얌전한 여자애들만 책을 좋아한다는 편견을 갖고 있었나 봐. 그런데 넌 체육 시간에는 운동도 잘하고, 음악 시간에는 리코더도 잘 불고, 수학 문제도 참 잘 풀더라. 그래서 점점 네가 부러워졌고, 친해지고 싶었어. 　올해 초, 널 따라 도서관에 갔었지. 도서관에 간 건 처음이었어. 책도 처음 빌려 보고 말이야. 처음에는 책이 좋아서라기보다는 그냥 대출하는 게 재밌어서 따라갔던 것 같아. 나는 원래 책을 제대로 읽어본 적이 없어서 고르자니 막막했는데, 네가 도와줘서 늘 재밌는 책을 볼 수 있었어. 　난 네가 처음으로 추천해 준 책을 잊을 수가 없어. 〈마틸다〉라는 책이었는데, 너무 두꺼워서 자신이 없었지. 하지만 내가 좋아하는 네가 추천해 준 책이어서 믿고 읽기 시작했는데, 바로 빠져들어서 단숨에 다 읽었지 뭐야. 그 이후로는 너를 따라 도서관에 가는 게 기다려지더라. 　고마워. 호재야. 네 덕분에 책이 얼마나 재미있는지 알게 됐어. 그리고 네가 추천해 준 책들은 재밌기도 한데, 배울 것도 있고 감동적이기까지 하더라. 앞으로도 재미있게 읽은 책들 많이 추천해 줘. 너의 좋은 점을 계속 본받고, 나도 너에게 좋은 영향을 줄 수 있는 사람이 되도록 노력할 거야.
결미	우리 앞으로 더 재미있는 책도 많이 읽고, 다음에는 내가 좋아하는 게임도 같이 해 보자. 그럼 내일 학교에서 만나! 안녕. 2020○년 ○월 ○일 민준이가

민준이는 호재에게 _____
마음을 전하기 위해 편지를 썼어.

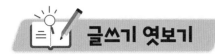

>> '갈매기에게 나는 법을 가르쳐 준 고양이'(루이스 세풀베다 지음)의 줄거리를 읽어요.

갈매기에게 나는 법을 가르쳐 준 고양이

갈매기 켕가는 바다에서 먹이를 잡다가 기름에 오염된 물결에 휩쓸려버렸어요. 온몸에 끈 적끈적한 기름을 뒤집어쓰게 된 갈매기는 마지막 남은 힘을 다해 육지로 날아가다 결국 함 부르크 항구의 어느 집 발코니에 추락했어요. 마침 발코니에는 몸집이 큰 검은 고양이 소르 바스가 일광욕을 즐기고 있었죠. 켕가는 알을 낳고 숨을 거두기 전, 소르바스에게 세 가지를 부탁했어요.

첫째, 알을 먹지 말 것.

둘째, 알을 잘 돌보아 주어서 부화시켜 줄 것.

셋째, 아기 갈매기에게 나는 법을 가르쳐 줄 것.

소르바스는 약속대로 그 알을 품어 부화시켰어요. 태어난 아기 갈매기는 소르바스를 보자 '엄마'라고 부르며 따랐지요. 아기 갈매기는 소르바스와 고양이 동료들의 정성스런 보살핌 을 받으며 무럭무럭 잘 자랐어요. 그런데 아기 갈매기는 고양이들과 함께 살다 보니 자신의 정체성을 깨닫지 못했어요. 그래서 자신은 날기 싫고, 고양이가 되고 싶다고 말했지요.

"너는 고양이가 아닌 갈매기야. 그러니 너는 갈매기의 운명을 따라야 해. 네가 하늘을 날 게 되면 비로소 진정한 행복을 느낄 수 있을 거야."

아기 갈매기는 이제 자신도 날고 싶다는 생각을 하게 되었어요. 그래서 소르바스와 고양 이들은 백과사전을 보며 새들의 나는 모습을 연구해 아기 갈매기에게 가르쳐 보았지만 계속 실패했어요. 결국, 인간의 조언을 받은 소르바스는 비바람이 부는 저녁에 아기 갈매기의 첫 비행을 위해 성당의 높은 난간에 도착했어요.

"날개만으로 날 수 있는 건 아냐! 오직 날려고 노력할 때만이 날 수 있지."

아기 갈매기는 엄마 고양이 소르바스의 말에 힘을 내어 난간을 박차고 날아올랐어요. 그 모습을 바라보는 소르바스의 눈가에는 빗물인지 눈물인지 알 수 없는 것이 하염없이 흐르기 시작했어요.

소르바스는 아기 갈매기가 날지 않고 늘 곁에 머물러 주기만을 바랐을 거예요. 날게 되면 자신을 떠나 다른 갈매기 무리를 따라 이동해야 할 테니까요. 하지만 갈매기를 정말 사랑했 기에 나는 법을 가르쳐 줄 수 있었던 거예요. 소르바스의 마지막 눈물에는 어떤 마음이 담겨 있었을까요?

>> 친구에게 애틋한 마음을 담아 쓴 편지문을 읽어요.

새끼 갈매기가 나는 것을 배우기 싫었던 이유	소르바스가 갈매기에게 나는 법을 가르쳐 준 이유
소르바스 곁에서 새끼 고양이처럼 지내고 싶었기 때문에	갈매기는 갈매기들의 세상에서 살아 나가야 한다고 생각해서

서두	보고 싶은 소율이에게. 안녕? 소율아. 네가 이 편지를 읽을 거라고 생각하니 가슴이 설레. 잘 지내고 있지? 난 여기가 아직도 낯설어. 하지만 요즘은 조금씩 익숙해지고 있어. 친구도 사귀고 말이야.
본문	인천을 떠나고 이곳에 온 이후로 매일 네가 생각났어. 우리는 주말마다 만나서 수다 떨고, 이곳저곳 돌아다니며 사진도 찍었잖아. 도서관에 앉아서 함께 숙제도 하고, 편의점에서 컵라면도 사 먹고. 그때는 몰랐는데, 지금 생각해 보니 모든 일이 특별했어. 그래서 그 시간들이 계속 생각나. 아, 너와 함께 읽은 소르바스 고양이 이야기 기억나지? 서로 곁에 있고 싶어 했지만 어쩔 수 없이 떨어져 살아야 하는 두 주인공들이 꼭 우리 같아. 사실, 소르바스처럼 나도 아무도 모르게 눈물을 흘린 적도 있어. 내가 전학 온 학교는 아주 작은 시골 학교야. 반에 친구들이 열네 명인데, 그중 여자아이들은 여섯 명뿐이야. 다행히 너처럼 다정한 친구들이 먼저 말을 걸어 줘서 금방 친해졌어. 새 친구들도 잘해 주지만, 난 너처럼 특별한 친구를 만나기는 어려울 것 같아. 어떤 얘기를 해도 잘 통하는 너와의 우정은 정말 소중하거든. 아무리 시간이 흘러도 이 마음은 변하지 않을 거야. 넌 요즘 어떻게 지내? 우리 헤어질 때 열심히 공부해서 나중에 만나자고 했잖아. 난 그래서 하루하루 열심히 보내려고 하고 있어. 소율아, 정말 보고 싶다. 예진처럼 같이 놀고 싶어. 이런 생각이 들 때마다 이렇게 편지를 쓸게. 괜찮지?
결미	가까이 있지는 않지만, 항상 네 곁에 있는 것처럼 널 생각하고 응원할게! 다음에 만날 때까지 잘 지내자. 안녕! 2020○년 ○월 ○일 너의 단짝 진하가

글쓰기 도전

≫ **마음을 잘 표현하는 연습을 해요.**

미안한 마음이 드는 친구를 떠올려 보고, 친구와의 일을 구체적으로 써요.

그 친구에 대한 설명	미안했던 일	전하고 싶은 말
언제 어떤 계기로 친해졌는지 그때의 상황을 써 봐. 그리고 친해진 후 서로 어떻게 지냈는지도 떠올려 봐.	지금 친구에게 미안함을 느끼는 일이 뭐야? 무슨 일이 있었는지 구체적으로 적어 볼래?	그 친구에게 미안하다는 말과 함께 앞으로 어떻게 지내자는 말도 해야겠지?

고마운 마음이 드는 친구를 떠올려 보고, 친구와의 일을 구체적으로 써요.

고마웠던 일	그 친구에 대한 설명	전하고 싶은 말
친구에게 고마움을 느끼는 일이 뭐야? 무슨 일이 있었는지 구체적으로 적어 봐.	그 친구가 어떤 친구인지 생생하게 그려지도록 설명해 봐. '너는 나에게 ~한 친구야.'처럼 네게 그 친구가 어떤 의미인지 표현해도 좋아.	그 친구에게 고맙다는 말과 함께 앞으로 어떻게 지내자는 말도 전해 봐.

132

≫ '고마워' 또는 '미안해'라는 주제로 친구에게 마음을 전하는 편지문을 써요.

친구와 있었던 일		
그때의 내 마음과 친구의 마음	나	
	친구	
전하고 싶은 마음		

친구와 있었던 일에 대해 써 볼래? 그때 내 마음과 친구 마음이 어땠는지도 떠올려 봐.

서두

받을 사람을 먼저 써. 그 아래에 첫인사, 안부 인사, 자기 소개를 하면 돼. 그리고 왜 편지를 쓰게 되었는지 간단히 설명하면 좋겠지?

본문

친구와 있었던 일을 쓰고, 그때의 내 마음을 자세히 표현해 봐. 내 마음뿐 아니라, 입장을 바꿔 친구 마음까지 생각해 봐.

결미

끝인사를 한 후, 앞으로의 약속이나 네 바람을 써 봐. 마지막에는 쓴 날짜와 네 이름을 쓰면 돼.

 공감하며 생각 표현하기

 비법 알기

'내가 그 사람이라면?'이라고 가정해 보면 상대의 상황과 마음을 더 잘 이해할 수 있어요. 상대의 입장이 되어 본 후, 내 마음을 구체적으로 전달해 볼까요?

≫ 어떤 방법으로 마음을 전달했는지 알아보고, 빈칸을 알맞게 채워요.

나라면 어떨까?	내가 군인이 된다면 가족들과 떨어져 생활하는 게 외로워서 매일 울 것 같다. 그리고 나라를 지키는 것이 부담스러울 뿐 아니라, 고된 훈련도 싫어서 도망가고 싶을 것 같다.
서두	군인 아저씨께. 안녕하세요? 저는 초등학교 6학년 이연주예요. 더운 날에도, 추운 날에도, 꾸준히 우리나라를 지켜 주시는 군인 아저씨께 감사한 마음을 담아 편지를 써요.
본문	군인 아저씨, 가족들이 많이 보고 싶지 않으신가요? 2년 동안 군대에서만 생활해야 하는데, 만약 저라면 많이 힘들 것 같습니다. 저는 가족들이랑 떨어져서 생활해 본 적이 없거든요. 가족들이 보고 싶고 외로워서 ⬚⬚⬚⬚⬚⬚ 같아요. 군인 아저씨들은 항상 우리나라와 국민을 보호하기 위해서 고되게 훈련하시죠? 언제 북한의 도발이 있을지 모르고, 군대에서는 그 위험과 어려움에 맞설 준비를 하고 계시니까요. 만약 제가 군인이라면, 그런 큰 책임을 지고 있다는 것이 ⬚⬚⬚⬚⬚⬚ 것 같아요. 또 ⬚⬚⬚⬚⬚⬚ 이 싫어서 도망가고 싶을 것 같고요. 생각만 해도 힘든 이런 고생을 참고 나라를 위해 용기와 힘을 내고 계신 군인 아저씨들께 깊이 감사드려요. 군인 아저씨들의 피땀 어린 고생을 통해 저희가 이렇게 편안한 생활을 하고 있는 것 같습니다. 통일이 된다면 군인 아저씨들이 이렇게 힘들지 않아도 될 테니, 얼른 남과 북이 통일해서 휴전 상태를 벗어났으면 좋겠습니다. 항상 군인 아저씨들을 응원하고 존경하고 있습니다. 당신들은 늘 우리에게 큰 자랑이며 힘인 것을 잊지 말아 주세요.
결미	다시 한번 군인 아저씨들의 헌신과 희생에 깊은 감사를 드리며, 항상 건강하시고 행복하시기를 기원합니다. 2020년 ○월 ○일 존경을 담아, 이연주 드림

>> **편지문을 읽으며 상대를 어떻게 공감했는지 알아보고, 빈칸을 알맞게 채워요.**

서두	연평해전에서 용감하게 싸워주신 해군들께. 　안녕하세요? 저는 초등학교에 다니는 5학년 김민준이라고 합니다. 호국 보훈의 달을 맞아 학교 선생님께서 연평해전에 관한 이야기를 들려 주셨습니다. 그때 희생하신 해군 아저씨들께 감사의 인사를 드리기 위해 이렇게 편지를 씁니다.
본문	저는 '연평해전'에 대해 잘 모르고 있었습니다. 그래서 집으로 돌아와 검색해 보았습니다. 1999년에 일어난 제1차 연평해전과 3년 후의 제2차 연평해전은 북한군이 서해 연평도 인근의 대한민국 영해를 침범해서 발생한 전투였습니다. 제1차 연평해전에서는 대한민국 해군이 북한 함정 10척을 단 14분 만에 격퇴시켰더라고요. 정말 대단했습니다. 하지만 제2차 연평해전은 북한 경비정의 기습 공격으로 참수리 357호정이 침몰하고, 해군 6명이 전사하고, 19명이 부상 당하는 큰 피해를 입었다고 해서 깜짝 놀랐습니다. 　얼마나 힘드셨을까요? 북한 경계 지역인 연평도를 지키기 위해 몸과 마음을 바쳐 주신 분들의 헌신과 용기에 깊은 존경을 표합니다. 　제가 그때 연평해전에 참전한 해군이었다면 어땠을까 생각해 보았습니다. 언제 전쟁이 날지 모르는 휴전 상황에서 북한 경계 지역을 지키다니요? 솔직히 말하면 저는 무서워서 절대로 하지 못할 것 같습니다. 포탄이 날아오고, 위험과 불안이 늘 존재하는 곳에서 얼른 도망치고 싶은 마음이 들었을 것입니다. 끝까지 나라를 지키기 위해 싸우신 해군들을 생각하면 부끄러움이 떠나질 않습니다. 　연평해전으로 인해 희생하신 여러분들은 우리나라의 영웅이며, 많은 사람들에게 오래도록 기억되어야 할 것입니다. 북한과의 불안한 관계가 하루빨리 사라져 우리나라 군인들이 안전하게 지낼 수 있었으면 좋겠습니다.
결미	감사합니다. 늘 당신들을 기억하고, 나라를 위하는 그 마음을 배우도록 하겠습니다. 하늘나라에서 편안히 잘 지내시길 바랍니다. 20○○년 ○월 ○일 김민준 드림

민준이는 ＿＿＿＿＿＿＿＿＿＿＿＿＿＿＿＿＿＿ 을(를) 공감해 보고,

＿＿＿＿＿＿＿＿＿＿＿＿＿＿＿＿＿＿ 마음을 담아 편지를 썼어.

글쓰기 엿보기

>> 다음 이야기를 읽어요.

UN군 참전의 날

1950년 6월 25일 아침, 북한군이 남한을 침략하며 6·25 전쟁이 일어났어요. 전쟁이 일어난 지 3일 만에 수도 서울이 함락되었죠. 이 소식을 접한 미국은 UN 안전보장이사회를 긴급 소집해 '북한의 무력 도발은 평화를 파괴하는 침략 행위'라고 선언했어요. 그럼에도 북한은 남침을 강행했고, 그에 따라 2일 후인 6월 27일 UN 안전보장이사회가 다시 개최되었어요. UN 회원국들의 동의를 얻어, 북한의 무력 공격을 물리치고 국제 평화와 한반도에서의 안전을 회복하는 데 필요한 지원을 하기로 약속하지요.

UN은 7·7 UN군을 창설하고 UN군 총사령관에 맥아더 장군을 임명했어요. 그뿐 아니라, UN군을 파견해 북한군과 맞서게 했지요. 전쟁에 참여한 국가는 전투지원국 16개국과 의료지원국 6개국으로 모두 22개국이었어요. 총 195만 명이 이 전쟁에 참여했고요.

전쟁의 결과는 참혹했어요. 195만 명의 UN 참전 용사 중 4만여 명이 전사하고, 11만여 명이 부상·실종됐어요. 국군은 15만 명이 전사했고 13만 명이 실종됐으며 70만 명이 부상을 당했고요. 정말 끔찍한 일이었죠.

1953년 7월 27일 UN군, 중국군, 북한군 대표의 서명으로 전쟁은 중단됐어요. 하지만 정전협정은 종전과 다르죠. 누구도 승자가 되지 못한 이 협정 이후, 남북한은 70여 년 동안 각자의 상처를 끌어안은 채 세계 유일의 분단국으로 남아 있어요.

하지만 지금 우리는 과거의 어려운 여건을 극복하고 민주화를 이루어 세계 10대 경제 대국으로 변화했어요. '이름도 몰랐던 나라'를 수호하기 위해 쓰러져 간 195만 UN군과 90만 국군……. 그들 덕분에 지금의 대한민국이 존재하고 있는 게 아닐까요?

우리 정부는 6·25전쟁에 참전한 UN 참전국, 참전 용사의 희생과 공헌에 감사하기 위해 지난 2013년 정전협정일인 7월 27일을 'UN군 참전의 날'로 제정했어요. 70여 년 간 이어져 온 연대의 가치를 확인하고, 미래의 공동 번영을 약속하며, 참전 용사의 공헌을 출발점으로 하여 미래 70년을 나아가겠다는 의지를 담은 날이지요. 우리는 이 날을 기념하며 위대한 헌신의 역사를 기억하고, 그들에게 감사한 마음을 다져요.

≫ UN 참전 용사에게 쓴 편지문을 읽어요.

전쟁에 참여한 국가의 규모	UN군의 피해 상황	UN군 참전의 날이 지정된 이유
• 22개국 • 195만 명	• 13만 명 실종 • 70만 명 부상	참전 용사의 희생과 공헌에 감사하기 위해서

서두	UN 참전 용사들께. 안녕하세요? 저는 ○○초등학교 6학년 김서원입니다. 오늘 수업 시간에 7월 27일은 'UN군 참전의 날'이라는 것을 배웠습니다. 선생님께서는 우리나라를 위해 애써 주신 UN 참전 용사들께 감사한 마음을 가져야 한다고 하셨고, 그래서 이렇게 편지를 씁니다.
본문	1950년 6월 25일, 남한에는 무서운 전쟁이 일어났습니다. 준비도 없이 공격을 받은 남한은 무너지기 일보 직전이었습니다. 이때 22개국, 195만 명의 UN 참전 용사들이 우리를 도와주셨습니다. 전 이 숫자를 듣고 정말 놀랐습니다. 다른 나라를 위해 목숨을 잃을지도 모르는 전쟁에 참여한다니, 신기하고 감사했습니다. 만약 제가 그때 UN 참전 용사였다면 이름 모를 작은 나라를 위해 열심히 싸울 수 있었을까 하는 의문이 듭니다. 두려움과 불안감에 휩싸여 싸우지 못했을 것 같습니다. 사실 자기 나라를 지키는 것도 힘든 일입니다. 그런데도 여러분들은 우리나라를 위해 용기를 내고 싸워 주셨지요. 저는 그 사실에 깊은 존경과 감사를 느낍니다. 예전에 세계 시민 교육을 받은 적이 있습니다. 세계 곳곳에 사는 사람들도 같은 공동체라고 배웠습니다. 서로 돕고 평화를 유지하며 살아야 한다고 했습니다. 저도 앞으로 여러분처럼 세계 시민 의식을 키우고, 공동체를 위할 줄 아는 그런 사람이 되겠습니다. 그리고 여러분들이 도와주신 우리나라를 잘 가꾸고 발전시킬 수 있도록 열심히 공부할 것입니다.
결미	감사합니다. UN 참전 용사들의 희생과 헌신, 항상 생각하겠습니다. 하늘나라에서라도 늘 행복하시기를 바랍니다. 202○년 ○월 ○일 김서원 드림

글쓰기 도전

>> 가정한 내용을 표현하는 연습을 해요.

연평해전에 대해 알아보고, 내가 그 당시 해군이었다면 어땠을지 생각해요.

연평해전에 대해 알게 된 내용 6월의 연평해전	
만약 내가 그 당시 해군이었다면 어땠을까요?	
전하고 싶은 말	

> 먼저 연평해전에 대해 알아보자.

6·25 전쟁에 참전한 UN군에 대해 알아보고, 내가 그 당시 UN군이었다면 어땠을지 생각해요.

6·25전쟁과 UN군 참전에 대해 조사하여 알게 된 내용 유엔참전용사	
만약 내가 그 당시 UN군이었다면 어땠을까요?	
전하고 싶은 말	

> 6.25전쟁과 UN군의 참전에 대해 알아보고 네가 그 참전용사였다면 어땠을지 상상해 봐.

>> 연평해전에서 싸운 해군 또는 UN 참전 용사 중 하나를 골라, 호국 영웅에게 마음을 전하는
편지문을 써요

연평해전 또는 6 · 25 전쟁에 대해 알게 된 내용	
만약 내가 당시에 그곳에 있었다면?	

조사해서 알게 된
사실 중에 인상 깊었던
것을 써 봐.

서두

받을 사람을 먼저 쓰고
첫인사, 안부 인사, 자기 소개를
하면 돼. 왜 편지를 쓰게
되었는지도 간단히
설명해 봐.

본문

연평해전 또는
6·25 전쟁에 대해 알게
된 것을 쓰고, '내가 그곳에
있었다면' 어떤 마음이었을지,
어떻게 행동했을지 떠올려 봐.
그리고 그들에게 존경과
감사의 마음을 전하는
거야.

결미

끝인사를 한 후,
한번 더 감사의 마음을
전해 봐. 앞으로의 약속을
써도 좋을 거야.
마지막에는 쓴 날짜와
네 이름을 쓰면 돼.

V

실전! 글쓰기 대회
독후감상문

책이 준 감동과 깨달음을 담아

독후감상문 쓰는 방법을 익히고

책 내용에 대한 생각과 느낌을 적어 봐요.

1	관련된 역사 알아보기
2	인상 깊은 장면 구체적으로 쓰기
3	인물에 공감하기
4	주변 사례 찾기
5	원인과 결과 분석하기

독후감상문 쓰기의 정석!

1. 독후감상문이란?

독후감상문은 책이나 글을 읽은 후 감상을 쓴 글이에요. 줄여서 독후감이라고 하죠. 독후감상문을 쓰면 사고력을 넓히고, 그 내용을 내면화 하는 데 아주 큰 도움이 돼요. 읽는 것으로만 끝낸다면 내용이 금방 잊힐뿐더러, 책이 주는 교훈도 쉽게 놓칠 수 있거든요. 내용에 대한 자기 생각을 정리해서 글로 표현하는 습관을 통해 '깊이 읽는 독서'를 경험해 봐요.

2. 독후감상문, 이렇게 써요

| 독후감상문 쓰기 전! | 책 읽으며 메모하기 |

대회마다 제시된 도서가 있을 수도 있고, 없을 수도 있어요. 어떤 책이든 읽으면서 인상적인 부분에 대해 메모를 해요. 해당 페이지에 포스트잇을 붙여도 좋고, 또는 연습장에 쪽수와 책의 내용, 그리고 간단한 나의 감상을 쓰는 것도 좋은 방법이에요. 이 내용이 나중에 독후감상문의 글감이 된답니다.

| 독후감상문 쓸 때! | 감상을 듬뿍 담아 글쓰기 |

독후감상문의 형식은 정해져 있지는 않지만, 일반적으로 들어가야 하는 내용들이 있으니 알아두면 좋아요. 독후감상문에서 가장 중요한 것은 책 내용에 대한 자기 생각을 얼마나 잘 담았는지랍니다. 형식에 너무 구애 받지 않아도 돼요.

| 독후감상문을 쓰고 나서! | 내용을 잘 나타내는 제목 붙이기 |

다 쓴 글을 다시 읽어 보고, 내 생각을 잘 나타낼 수 있는 새롭고 참신한 제목을 정해서 붙여 보세요. 부제목으로는 '〈책 제목〉을 읽고'를 넣어요.

▶독후감상문에 들어가야 할 내용

처음 (1문단)	▶ 책에 대한 소개 ▶ 관련 사회적 배경 ▶ 이 책을 읽게 된 동기(구체적인 나만의 동기를 제시)
가운데 (2~4문단)	▶ 간단한 줄거리 + 자기 생각 + 그 이유 ▶ 인상 깊었던 부분 + 관련 경험 + 그 이유 ▶ 우리 사회와 밀접한 관계가 있다고 생각한 부분 + 그 이유 ▶ 이해가 가지 않거나 인물의 행동에 동의할 수 없는 부분 + 그 이유 ▶ 읽으면서 생긴 궁금증
끝 (1문단)	▶ 글 속 인물에게 해 주고 싶은 말 ▶ 이 책을 읽고 배운 점과 느낀 점 ▶ 독서 후 추가로 알고 싶은 내용

3. 독후감상문, 이렇게 쓰면 안 돼요

① 줄거리 요약하지 않기

독후감상문은 책의 내용을 요약하는 글이 아니에요. 줄거리도 있어야 하지만, 감상 내용이 주가 될 수 있도록 자기 생각을 많이 넣어야 해요.

② 누구나 가질 수 있는 감상은 피하기

'재미있었다', '슬펐다' 등 일반적인 느낌을 쓰기보다는 관련된 자신의 경험을 풀어서 생각과 함께 적어야 개성 있는 자기만의 글이 될 수 있어요.

③ 생각과 느낌이 모호하지 않게

책 내용 전체에 대한 느낌도 있어야겠지만, 부분적인 내용에서 주인공의 말과 행동에 대한 생각, 순간 떠오르는 경험들, 특정 장면에서의 느낌 등을 구체적이고 자세하게 쓸수록 좋아요.

독후감상문 ① 관련된 역사 알아보기

 비법 알기

위인전이나 역사적 사건을 각색하여 만든 이야기를 읽고 독후감상문을 쓸 때는 관련된 역사적 배경을 조사해 봐요. 감상을 훨씬 더 구체적으로 표현할 수 있어요.

≫ 독후감상문 속 역사적 사실을 확인해 보고, 빈칸을 알맞게 채워요.

역사적 배경	신분 차별, 남녀 차별 등 차별이 심했던 조선 시대

제목	천재 시인, 난설헌
처음	교과서에서 허난설헌에 대한 글을 읽었다. 그동안 신사임당은 알았는데, 허난설헌은 좀 생소했다. 마침 도서관에 허난설헌 위인전이 있어서 얼른 펼쳐 보았다.
가운데 (역사적 배경 넣기)	허난설헌은 허균의 누나였는데, 정말 불쌍한 여인이었다. 시에 천재적인 능력을 갖췄지만 여자로서 대우 받지 못하는 조선 시대에 태어나 무능한 남편과의 결혼으로 어려운 삶을 살았기 때문이다. 　허난설헌이 살았던 조선은 [　　　　　　] 뿐만 아니라 [　　　　　　]도 심했던 시대이다. 어릴 적부터 똑똑하고 시를 쓰는 것에 재능이 있었던 난설헌은 신랑과 시어머니에게 미움을 받는다. 자녀와도 만나지 못하게 되었고, 그러다가 딸과 아들이 세상을 뜬다. 결국 그녀 또한 스물일곱의 나이에 죽고 자신의 시를 모두 불태워 달라는 유언을 남긴다. 　허난설헌이 너무 안타까운 삶을 살았다는 생각이 들었다. 김성립과 결혼하지 않았다면 조금은 나았을까? 재능을 억누르며 고된 시집살이에 힘겹게 살아야 했던 그를 보며 차별적인 조선이 정말 싫어졌다. 　허난설헌이 가족을 떠나보내고 자기 죽음을 생각하며 쓴 시에 '연꽃이 떨어진다'라는 표현이 있는데, 그 말이 참 슬프게 느껴졌다. 만약 허난설헌이 조선이 아닌 지금 시대에 태어났다면 어땠을까? 세계적인 작가가 되어 이곳저곳 강연을 다니고 있을 것이다. 그렇게 생각하니 더욱 마음이 아프다.
끝	차별은 한 사람의 성장을 막을 뿐 아니라, 나라의 발전에도 큰 걸림돌이 된다. 다시는 허난설헌처럼 안타까운 인물이 생기지 않게 각자의 재능을 존중하고, 그 사람의 존재 자체를 인정해 주는 차별 없는 세상이 되었으면 한다.

역사적 사실을 바탕으로 한 독후감상문을 읽고, 빈칸을 알맞게 채워요.

제목	평등한 시대를 위해 – 〈책과 노니는 집〉을 읽고
처음	책방을 차리는 것이 꿈인 나에게 선생님께서 '책과 노니는 집'이란 책을 읽어 보라고 추천해 주셨다. 제목만 보았을 때는 나처럼 책을 좋아하는 아이가 나오는 소설이 아닐까 생각했다. 하지만 읽어 보니 내용이 예상한 것과 전혀 달라서 놀라움을 감추지 못했다.
가운데 (역사적 배경 넣기)	이 책은 조선 후기, 서학이 들어오고 천주교가 탄압을 받던 시대에 필사쟁이인 아버지를 둔 장이의 이야기다. 당시 일반 서민들은 천주교를 많이 믿었는데, 나라에서는 천주교를 믿는 사람들을 '천주학쟁이'라 부르며 박해하고 죽였다고 한다. '모두가 평등하다'는 내용의 천주학이 신분 사회였던 조선과 맞지 않는다고 여겼기 때문이다. 아버지가 천주학책을 필사했다는 이유로 매를 맞아 죽자, 혼자 남은 장이는 최서쾌를 아버지 삼아 책방 심부름 일을 하며 생계를 이어간다. 장이는 책방의 단골손님, 홍교리에게 책을 배달하며 그 책이 천주학책이란 것을 알게 된다. 천주교 박해가 시작된 상황에서 장이는 홍교리네로 가서 천주학책들을 찾아내 불에 태워 버린다. 홍교리에게 달려간 장이의 배짱은 정말 대단하다. 장이는 아버지 같은 피해자가 또 나오는 것을 원치 않았을 것이다. 천주학책을 읽었다고 죽임을 당하는 것은 옳지 않다고 생각했을지도 모른다. 장이는 얼마나 평등한 세상을 바라 왔을까? '책과 노니는 집'은 필사쟁이가 된 장이에게 홍교리가 선물로 준 현판의 이름이다. 그렇게 되기까지 결코 쉬운 과정은 아니었지만, 결국 자기만의 책방을 낸 장이의 해피엔딩을 보는 것 같아서 내내 기분이 좋았다.
끝	오늘날에는 '모두가 평등하다'는 말이 당연하다. 하지만 지금 내가 쉽게 말하고 있는 이 '평등'이 조선 시대의 그들에게는 벌을 받아야 할 만큼 무섭고 어려운 말이었다. 책을 덮고 나니 현대 사회에 살고 있는 것이 정말 다행스럽게 생각되었다. 장이의 책방 '책과 노니는 집'이 대박 났으면 좋겠다.

'책과 노니는 집'은 _____ 에 살았던 장이의 이야기야. 당시 천주교가

탄압 받은 이유는 _____

때문이래.

>> **다음 이야기를 읽어요.**

세상을 바꾼 소녀, 사라 이야기

'사라, 버스를 타다'는 1950년대 버스 보이콧 사건을 바탕으로 쓰였어요. 실제 사건의 주인공인 '로자 파크스'를 학교에 다니는 소녀 '사라'라는 캐릭터로 바꾸어 썼을 뿐이죠. 로자 파크스가 겪은 실화를 통해 인종차별에 관해 이야기하고 있어요.

여러분은 몽고메리 버스 승차 거부 운동을 알고 있나요? 이 사건은 1955년 12월 1일, 당시 42세였던 로자 파크스가 백화점에서 근무를 마치고 집으로 가던 중 일어난 사건이에요.

당시 미국은 버스와 같은 공공시설에서 인종차별이 있었어요. 버스 기사는 백인이었고, 버스 앞부분에는 백인들만 앉을 수 있었지요. 자리가 비어 있어도 흑인은 앉지 못했어요. 버스가 차면 흑인들은 백인들을 위해 자리를 비워 줘야 했고요. 심지어 흑인이 백인에게 자리를 비워 줄 경우에는 뒤로 걸어가면 안 되고, 앞문으로 가서 요금을 내고 내린 다음에 뒷문으로 다시 타야 했어요.

사건 당시 백인들이 앉을 자리가 없어지자, 버스 기사는 흑인에게 자리를 양보할 것을 요구했어요. 그러나 로자 파크스는 흑인 좌석에 앉아 있었고, 백인에게 자리를 양보할 이유가 없다고 거부했어요. 버스 기사는 로자 파크스를 경찰에 신고했고, 파크스는 경찰에 체포됐어요.

이 사실을 안 흑인들은 앞으로 버스를 타지 않을 것을 결의하면서 몽고메리 버스 승차 거부 운동을 벌이게 돼요. 결국 연방대법원이 버스 안에서의 인종차별을 철폐하라는 판결을 내릴 때까지 380여 일이 넘는 버스 승차 거부 운동은 계속되었지요.

이 사건은 미국 흑인 인권 운동의 시작점이 돼요. 미국 흑인 운동은 이 이후로도 마틴 루터 킹 목사에 의해 계속 이어져 나갔고, 로자 파크스는 92세의 나이로 세상을 떠나기 전까지 시민운동을 멈추지 않았다고 해요.

'사라, 버스를 타다'에서는 1950년대 미국 남부에 사는 초등학생인 사라가 주인공으로 등장해 로자 파크스의 이야기를 전해요. 작은 목소리와 움직임이 사회를 변화시킬 수 있다는 것을 증명해 보인 대단한 사건이었지요.

앞의 이야기를 읽고 쓴 독후감상문을 읽어요.

1. 이 이야기에 관련된 역사적 배경은 무엇인가요?
   ▶ 1950년대, 미국의 인종차별이 심했던 때

2. 주인공 사라에게 하고 싶은 말은 무엇인가요?
   ▶ 네 작은 목소리와 행동이 흑인들의 인권을 구했다는 것이 정말 신기하고 대단하다고 생각해. 나도 너처럼 올곧은 신념으로 살아가고 싶어.

제목	작은 목소리가 세상을 바꾸지
처음	수업 시간에 '사라, 버스를 타다'라는 글을 읽었다. 그동안 인종차별이라는 말을 책에서만 보았기 때문에 실감하지 못했는데, 이 이야기가 실화이며 인권과 평등을 중요시하는 이 시대에도 미국에는 아직 인종차별 문제가 남아 있다는 선생님의 말씀이 놀라웠다.
가운데 (역사적 배경 넣기)	흑인 소녀인 사라는 엄마와 함께 버스를 타고 학교에 가는 중이었다. 일하러 가는 엄마는 먼저 차에서 내리고, 버스 앞쪽 자리가 궁금했던 사라는 앞쪽 좌석에 앉았다. 그런데 운전기사와 백인들은 사라에게 뒷자리로 갈 것을 요구했다. "전 학교까지 타고 가겠어요." 난 사라의 이 말에 어떤 큰 힘이 느껴졌다. 경찰서에서 조사 받는 중에도 전혀 주눅 들지 않고 꼿꼿하게 앉아 기자들의 카메라를 쳐다보는 장면은 내내 내 마음속에 자리 잡았다. 1950년대 미국에서는 인종 차별이 굉장히 심했다고 한다. 실제 로자 파크스라는 40대 여성이 사라와 같은 일을 당했고, 이 일을 계기로 흑인 인권 운동이 시작되었다. 그리고 1년 동안의 승차 거부 운동을 통해 결국 버스 안 차별이 폐지되었다. 한 명의 작은 목소리와 행동이 세상을 움직이는 힘이 될 수 있다는 것이 놀랍다. 만약 사라가 '모두가 이렇게 하니까 나도 따라야지.'라는 생각을 가졌다면 이런 변화는 생기지 않았을 것이다. 책 속의 사라는 적극적이고, 용기 있는 아이였다. 사라 이전에도 많은 흑인들이 이 차별의 부당함을 알고 있었을 것이다. 하지만 사라처럼 용기 있게 결단을 내리고 실천에 옮기는 것은 참으로 어려운 일이다.
끝	나는 불편함이 있어도 '다른 사람들도 다 이렇게 하니까' 하는 생각으로 내 생각을 내뱉지 않았다. 어차피 내가 변화시킬 수 없다고, 자기 주관 없이 수동적으로 행동해 왔던 것이다. 나도 이제는 사라처럼 용기를 내어 더 나은 세상을 위해 작은 힘이라도 보태는 사람이 되고 싶다.

글쓰기 도전

>> '방구 아저씨'(손연자 지음)의 줄거리를 읽고 책 내용의 역사적 배경을 조사해요.

'방구 아저씨'의 역사적 배경을 조사해서 간단하게 써요.

줄거리	
 방구아저씨 이야기	안골 마을 목수인 김봉구 아저씨는 방귀쟁이라 '방구 아저씨'라고 불려요. 아저씨는 아이들에게 방귀를 뀌는 장난을 하며 놀았는데, 그 이유는 십수 년 전 돌림병으로 죽은 자식들을 그리워했기 때문이에요. 동네의 기와집들은 모두 방구 아저씨의 손으로 지은 것이지만 방구 아저씨의 집은 허름한 오두막집이지요. 아이들이 방구 아저씨께 "아저씨 집은 왜 안 지어요?"라고 묻자 방구 아저씨는, "내 집은 나중에 세상 좋아지면 지을 거야."라고 했어요. 하지만 아이들은 세상이 좋아질 거라고 생각하지 않았어요. 공출로 농사지은 것을 다 뺏기고, 밭에서 일하다가도 징용으로 끌려가는 세상이었거든요.

'방구 아저씨' 이야기를 읽어 볼까?

그러던 어느 날, 일본의 앞잡이인 이장이 찾아와 방구 아저씨의 은색 나비가 그려져 있는 괴목장을 일본인 산림관 히라노에게 넘기라고 해요. 방구 아저씨는 화를 내며 거절했죠. 왜냐하면 그 괴목장은 죽은 아내에게 바치는 생일 선물이었기 때문이에요. 조선 것이라면 사족을 못 쓰는 히라노가 찾아와도 방구 아저씨는 눈도 꿈쩍하지 않았어요.

비가 오는 날, 일본인 순사 이토가 방구 아저씨를 찾아와 허가 없이 나무를 베어 장을 만들었다는 이유로 은근슬쩍 장을 가져가려 했어요. 방구 아저씨는 조선말을 쓰며 이토를 흙탕물에 박아 놓았죠. 그러자 이토는 조선말을 썼다는 이유로 곤봉으로 방구 아저씨의 머리를 내리쳤고, 아저씨는 다시 눈을 뜨지 못했어요. 그 후 방구 아저씨는 가족들 옆에 묻혔고 동네 모든 아이들이 눈물을 흘렸어요.

이 이야기의 역사적 배경인 일제강점기에 대해 조사해 볼래?

역사적 배경	
방구아저씨 역사적배경	일제 시대
	신사참배
일제 강제 노동(징용)	
	징병
	공출

≫ '장영실'에 관한 책을 읽어 보고, 독후감상문을 써요.

역사적 배경	장영실은 조선 세종 시대 최고의 과학자로, 시간을 자동으로 알려주는 물시계, 자격루를 한국 최초로 만들었다. 장영실은 원래 동래현의 관노, 즉 노비였다. 그러나 이미 태종 때부터 그 능력을 인정 받아 궁중 기술자로 종사하게 되었다. 중국으로 유학하여 각종 천문 기구를 익히고 돌아왔고, 이후 세종의 총애를 받아 정5품 상의원 별좌가 되면서 관노의 신분을 벗었다. 이후에도 장영실이 자격루 제작에 성공하자 세종은 공로를 치하하고자 정4품 벼슬인 호군의 관직을 내렸다.
나의 감상	

백과사전을 검색하거나 관련 영화를 보며 인물의 역사적 배경과 삶을 더 조사해 봐.

알게 된 사실 중에 인상 깊었던 것을 써 봐.

제목

처음

이 책을 읽게 된 동기나, 책 내용에 대해 미리 알고 있었던 내용 등을 써 봐.

가운데

줄거리와 함께 책 내용과 관련된 역사적 배경도 써 봐. 그리고 네 생각도 표현해 봐.

끝

주인공에게 하고 싶은 말이나, 앞으로의 바람 등을 쓰면 돼. 역사적인 사실에 대해 안타까운 점이나, 미래에 어떤 방향으로 나아가면 좋을지에 대하여 적어도 좋겠지?

독후감상문 ②

인상 깊은 장면 구체적으로 쓰기

글쓰기 주제
....
학교 폭력

 비법 알기

책 속 기억에 남는 장면을 설명하고, 생각을 구체적으로 표현해 봐요. 인상 깊었던 인물의 말과 행동을 그대로 묘사한 후 내 생각을 근거와 함께 제시한다면 잘 쓴 독후감상문이 될 거예요.

》 독후감상문에 인상 깊은 장면을 어떻게 담았는지 보고, 빈칸을 알맞게 채워요.

제목	친구 사이에 필요한 것 – 〈아낌 없이 주는 나무〉를 읽고
처음	셸 실버스타인의 '아낌 없이 주는 나무'를 다시 읽었다. 어릴 적 엄마가 읽어 주셨을 때는 몰랐는데, 지금 다시 읽어 보니 주인공들에게 너무 화가 나서 책장을 넘기기도 힘들 정도였다.
가운데	이 책에는 주인공 소년과 나무가 나온다. 어릴 때까지만 해도 소년은 나무에서 그네를 타고, 나무에 열린 사과를 따 먹으며 즐겁게 놀았다. 하지만 소년은 자라면서 이기적으로 변한다. "난 나무에 올라가 놀기엔 너무 컸는걸. 돈이 좀 필요한데, 여러 가지 물건도 사고 멋있게 즐기고 싶어. 돈을 좀 줄 수 있겠니?" "내겐 따뜻하게 지낼 집이 필요해. 아내도 있어야겠고, 자식도 있어야겠고. 그래서 집이 필요하단 말이야. 내게 집 한 채 마련해 줄 수 없어?" "배가 한 척 있었으면 좋겠어. 멀리 떠나고 싶거든. 내게 배 한 척 마련해 줄 수 없어?" 그렇게 소년은 청년이 되었을 때는 [ ]이 필요하다고 사과를 다 따 가고, 성인이 되었을 때는 [ ]이 필요하다고 가지를 모조리 베어 갔다. 더 나이가 들어서는 [ ]를 만들기 위해 기둥까지 잘라 갔다. 나는 필요할 때만 찾아오는 소년이 나쁘고 뻔뻔하다고 생각한다. 그리고 나무는 왜 계속 내주기만 하는지 이해가 되지 않는다. 내가 나무라면 소년에게 서운했을 것이다. 아니 화가 났을 것이다. 필요할 때만 찾는 건 친구가 아니니까 말이다. 나는 나무가 좀 더 당당하게 자기 생각을 표현하고, 소년도 나무를 좀 더 배려했어야 한다고 생각한다. 내 주변에도 친구를 필요할 때만 찾는 이기적인 아이들이 있다. 그런 친구들은 누군가에게 상처를 줄 수 있다.
끝	친구 관계에서 필요한 것은 솔직함과 배려이다. 자신만 생각하는 이기적인 행동은 친구 관계를 무너뜨릴 수 있다. 그래서 나는 나무와 소년이 친구 사이는 아니었던 것 같다.

≫ 인상 깊은 장면을 구체적으로 담은 독후감상문을 읽고, 빈칸을 알맞게 채워요.

제목	따뜻한 세상을 위해 – 〈가방 들어 주는 아이〉를 읽고
처음	국어 시간에 '가방 들어주는 아이'라는 어린이 드라마를 보았다. 전체 내용이 궁금해서 곧장 도서관으로 달려가 이 책을 빌려 읽었다. 이 책에는 초등학교 2학년 석우와 다리가 불편한 친구 영택이가 나온다. 석우는 장애가 있는 영택이를 도와주는데, 그 과정에서 겪는 일들을 통해 장애에 대한 편견과 봉사의 따뜻함을 보여 주었다.
가운데	"집이 제일 교회에서 가까운 사람?" 　선생님의 질문에 손을 든 석우는 원치 않게 등하굣길 영택이의 가방을 들어 주는 일을 하게 된다. 처음에 석우는 영택이에게 짜증을 부리기도, 영택이와의 약속을 어기기도 한다. 그래서 석우가 좀 못된 아이가 아닐까 했다. 하지만 다른 사람의 편견에 맞서기도 하고, 칭찬을 받으면 양심의 가책을 느끼는 석우를 보고 따뜻한 아이라는 생각이 들었다. 　나는 문방구 아저씨가 칭찬했던 장면이 가장 기억에 남는다. 　"옜다, 모범생이니까 사탕 하나 먹어라." 하시는 문방구 아저씨에게 석우는 혼란스러운 표정을 짓는다. 보통 칭찬을 받으면 기분이 좋아야 하는데, 석우는 그러지 않아서 이상했다. 아마 자발적으로 한 일이 아닌데 칭찬 받는 게 부담스러웠던 것 같다. 하지만 선생님이 시켜서 한 일이라도 남을 돕는 건 아무나 할 수 없는 일이다. 석우는 하고 싶은 축구도 못 하고 일 년 내내 가방을 들어 주었다. 아마 나라면 힘들다고 투정을 부리다가 중간에 그만두었을 것이다. 　그리고 석우는 정말 양심적인 아이다. 전교생이 모인 자리에서 교장 선생님께 모범상을 받은 석우는 그 자리에 주저앉아 울어버렸다. 이제 봉사활동을 끝내야 하는 데서 오는 아쉬움이었을까? 조금씩 회복되는 영택이와 멀어진다는 생각에 속상했던 걸까? 아니면, 자발적으로 한 봉사가 아니라서 수치심을 느꼈던 걸까?
끝	아직도 우리 주변에는 장애가 있는 친구들에 대한 편견이 있다. 우리가 그들을 따뜻함으로 대한다면 훨씬 더 행복한 학교, 사회가 될 수 있을 것이다. 적극적으로 나서서 돕진 못하더라도, 적어도 석우처럼 부끄러움과 책임감을 느낄 줄 아는 사람이 많아졌으면 좋겠다.

글쓴이가 가장 기억에 남는 장면은 _____ 이야.

왜냐하면 _____

_____ 때문이야.

>> '잘못 뽑은 반장'(이은재 지음)의 줄거리를 읽어요.

영원한 잘못은 없어!

이 책의 주인공은 '이로운'이에요. 태어날 때부터 장애가 있는 쌍둥이 누나 '이루리'와 남매지요. 로운이는 이름과는 달리 '해로운'이라는 별명을 가진 말썽꾸러기예요. 엄마한테 매일같이 등짝을 맞고, 친구들도 혀를 내두르는 골칫덩이지요.

2학기 반장 선거를 앞두고 로운이는 다섯 표만 나오면 여자친구가 되겠다는 백희의 도발과 너 같은 건 반장이 되지 못할 거라는 주변 시선에 오기가 생겼어요. 그래서 반장 선거에 나가게 되었고, 우여곡절 끝에 결국 반장이 되어버려요. 로운이는 반장 노릇에 거부감을 느껴서 처음에는 제대로 된 역할을 못해요. 반 아이들도 이로운을 신뢰하지 못해 불만을 표하고요. 그러나 이후 몇 가지 사건으로 이로운은 제법 반장의 자세를 갖추고 신임을 얻게 되죠. 1학기 반장이었던 황제하는 이를 시기하고 서로의 갈등은 깊어가요.

한편, 절친 대광이는 로운이에게 아주 비겁한 사람이라고 말해요. 누나가 괴롭힘을 당하는 것을 못 본 체했거든요. '비겁한 놈'은 '악마 같은 놈'이나 '나쁜 놈' 같은 말보다 훨씬 더 기분이 나쁜 말이었어요. 그래서 로운이는 누나 이루리를 괴롭히던 제천이를 혼내줘요. 엄마의 이 말에도 공감하게 되죠.

"어쩌면 누나는 너 대신 시련을 겪고 있는지도 몰라. 누나는 아마 신이 우리에게 참고 사랑하는 법을 배우라고 준 선물일 거야. 너도 그런 마음으로 누나를 봐 주면 안 될까?"

로운이는 한동안 제하와 계속 삐걱거려요. 미술 시간에 황제하가 다른 친구의 그림을 베껴 그렸다는 등의 치부가 드러나고, 아이들과 선생님은 제하에게 실망하게 돼요. 이로운은 처음에 통쾌하게 여겼지만, 기가 죽어 학교에도 나오지 않는 황제하를 보며 복잡한 심경이 돼요. 그러던 중 제하에게 아빠가 없다는 사실과 전학을 가려고 했다는 말을 듣게 되지요.

이로운은 반장으로서 합창대회 준비를 하게 되는데, 그 과정에서 자신의 부족함을 느껴요. 나중에는 황제하의 강점을 인정하고 제하네 집에 찾아가 먼저 손을 내밀며 도움을 요청해요. 제하는 이를 받아들이고 둘은 협력하여 합창대회를 무사히 마치게 되지요.

'잘못 뽑은 반장'은 로운이가 갈등을 극복하는 과정에서 장애를 앓고 있는 누나 이루리에 대한 용서와 사랑, 황제하에 대한 연민과 공감을 배우게 되는 과정을 담고 있어요.

앞의 이야기를 읽고 쓴 독후감상문을 읽어요.

1. 로운이는 어떤 인물인가요?
   ▶ 말썽꾸러기지만 반장이 되면서 조금씩 변해 가는 인물

2. 주인공의 말이나 행동에서 공감되는 점은 무엇인가요?
   ▶ 괴롭힘 당하는 누나를 보며 속상해 하는 모습, 자신을 무시하는 친구들에 대한 오기로 반장
      선거에 나가게 되는 모습 등

제목	'잘못'을 '잘'로 바꾼 로운이
처음	'잘못 뽑은 반장'이라는 책을 읽게 되었다. 나만큼 말썽꾸러기인 친구가 주인공이어서 그런지 친근하게 느껴졌다. 그런데, 한심스럽던 주인공 로운이가 책을 읽을수록 점점 멋지고 단단한 아이로 변해 갔다.
가운데	이 책의 주인공은 '해로운'이란 별명을 가질 만큼 엄마와 선생님께 매일같이 혼나고, 친구들을 괴롭히는 4학년 이로운이다. 로운이는 장애가 있는 쌍둥이 누나를 창피해하고, 그런 상황에 원망하는 마음을 갖고 있었다. 로운이는 오기로 2학기 반장 선거에 나갔다가 반장이 되어버린다. 처음에는 친구들의 불만을 사지만, 점점 반장의 자세를 갖추고 인정을 받는다. 그리고 누나를 괴롭히던 제천이를 혼내주며 누나를 조금씩 이해한다. 나쁜 아이로 보는 다른 사람들의 시선에 로운이는 어떤 기분이었을까? 자존심도 많이 상하고, 스스로를 사랑할 수도 없었을 것 같다. 그래도 나는 로운이가 참 자랑스럽다. 노력을 통해 나쁜 어린이라는 딱지도 뗐고, 반장으로서도, 동생으로서도 당당해질 수 있었다. 많은 사람들이 틀 속에 갇혀 살아간다. 잘못 뽑힌 반장이란 없다. 반장이 될 아이는 정해져 있는 것이 아니다. 남들이 생각하는 틀을 깨는 것도 자신만이 할 수 있다. 로운이처럼, '잘못 뽑은 반장'이라도 반장답게 행동을 하려고 마음만 먹으면 진짜 반장이 될 수 있다. 로운이가 제하를 찾아가 사과를 하며 합창단 연습을 부탁한다. 난 그때 로운이가 대단하다고 생각했다. 자신을 사랑하는 사람은 남에게도 너그러울 수 있는 법이다. 나는 그렇게 변한 로운이가 참 부러웠다.
끝	스스로 옳다고 생각하는 삶을 살게 되면 저절로 당당해진다. 자신감도 넘친다. 로운이처럼, 나도 이제 '잘못'을 '잘'로 바꾸려고 노력하는 삶을 살아야겠다. 그래서 지금보다 더 당당해질 것이다.

글쓰기 도전

>> **"진짜 투명인간'(레미 쿠르종 지음)의 줄거리를 읽어요.**

에밀의 엄마는 피아노 선생님입니다. 엄마의 소원은 아들이 가장 훌륭한 제자가 되어 주는 것이지만, 에밀에겐 피아노 연습 시간이 그저 따분하기만 합니다. 에밀은 자신이 투명인간이 될 수 있다면 좋겠다고 생각하지요.

어느 날 에밀은 시각장애인인 피아노 조율사 블링크 아저씨를 만나게 됩니다. 앞을 못 보는데도 능숙하게 피아노를 조율하고, 길도 잘 찾아다니는 아저씨가 에밀은 마냥 신기하기만 합니다. 초인종 소리만 듣고도 자신인 줄 금방 알아차리는 아저씨에게 그 비결을 묻자 아저씨는 '시각 대신 다른 감각들이 발달해서'라고 대답합니다. 자신이 투명인간이어도 알아볼 수 있냐고 묻는 에밀에게 아저씨는 "에밀, 넌 나에게 투명인간이란다."라고 대답합니다.

"에밀, 넌 네 무릎으로 뭐가 보이니?"

"아무것도 안 보여요."

"나도 마찬가지야. 내 눈은 네 무릎처럼 본단다."

에밀은 아저씨에게 색깔을 가르쳐 주기로 결심하고 색깔을 설명할 수 있는 것들을 찾기 시작합니다. 초록색은 맨발로 걸을 때 발가락을 간질이는 풀잎, 붉은색은 토마토 맛, 가장 푸른색은 수영장에서 헤엄치는 것……. 자신이 준비한 색깔들을 선물하기 위해 에밀은 아저씨를 찾아갑니다. 토마토를 맛있게 먹는 아저씨에게 에밀은 그게 바로 붉은색이라고 이야기해 줍니다. 그러자 아저씨는 "나한테는 이게 붉은색이란다!"라고 말하며 피아노를 칩니다.

겨우내 블링크 아저씨는 멀리 여행을 떠났습니다. 하지만 에밀은 아저씨에게 더 많은 색깔들을 선물하기 위해 책에서 색깔을 설명할 수 있는 멋진 표현들을 찾으며 바쁘게 보냅니다. 세상 모든 색을 들려주기 위해 그동안 따분해했던 피아노 연습도 부지런히 하게 되었지요.

그렇게 아저씨를 위한 색깔들을 차곡차곡 쌓아가던 어느 날, 집에 돌아오자 반가운 얼굴이 기다리고 있었습니다. 바로 다른 사람의 눈을 기증 받아 이식 수술을 받고 돌아온 블링크 아저씨였습니다. 이제 에밀과 블링크 아저씨의 새로운 우정이 다시 시작되겠죠?

>> **내용에서 인상 깊은 부분을 묘사해 봐요.**

인상 깊은 장면 묘사	
그 장면에서 든 생각	

앞에 나온 이야기 중 한 가지를 골라 읽고, 독후감상문을 써요.

인상 깊은 장면	
내 생각	

> 책을 읽고, 인상 깊은 장면에 대해서 써 볼래? 그 장면에서 등장인물들이 했던 말이나 행동을 그대로 써 봐.

> 그 장면에 대한 생각을 적어보자. 주인공의 말이나 행동에 대해 어떤 마음이 들었는지 자세히 써 줘.

제목	
처음	
가운데	
끝	

> 인상 깊은 장면을 구체적으로 써 볼래? 그리고 그때 네 감상을 적어. 주인공이라면 어떻게 했을지 떠올려 보고, 주인공 행동에 대한 생각을 비판적으로 드러내도 좋아.

> 주인공에게 하고 싶은 말이나, 앞으로의 다짐 등을 쓰면 돼. 친구 관계에서 중요한 것은 뭘까? 그 생각으로 마무리하면 좋을 것 같아.

 비법 알기

> 책에는 마음에 드는 인물도 있고, 이해할 수 없는 인물도 있어요. 인물들이 처한 상황과 그들의 말과 행동을 공감해 봐요. 책을 좀 더 깊이 있게 읽을 수 있을 거예요.

≫ 독후감상문에서 인물을 어떻게 공감했는지 보고, 빈칸을 알맞게 채워요.

제목	미소가 피어나는 정원 – 〈리디아의 정원〉을 읽고
처음	교과서에 나온 '리디아의 정원'이란 책을 도서관에서 빌려 보았다. 사실, 내 꿈은 나만의 거대한 정원을 가꾸는 일이다. 그 꿈을 이미 실현한 리디아의 삶이 너무 궁금했다.
가운데	조용한 시골 마을에 사는 리디아는 할머니와 함께 채소와 꽃을 가꾸는 것이 가장 기쁜 아이다. 리디아는 부모님이 일자리를 잃는 바람에 도시에서 빵집을 운영하는 외삼촌 댁으로 혼자 가게 된다. 리디아는 무뚝뚝한 외삼촌을 거들어 빵을 만들다가, 외삼촌에게 미소를 선물해 주고 싶어서 폐허 같은 옥상에 정원을 만든다. 　변해 가는 건물의 모습과 삼촌을 보면서 많은 생각이 교차했다. 내가 리디아였다면 어땠을까? ＿＿＿＿＿＿＿＿＿＿＿＿＿＿＿＿＿＿ 을 것이다. 그런데 오히려 리디아는 그런 상황에서도 삼촌에게 미소를 선물하기 위해 주위를 하나씩 바꿔 나간다. 집에서 받은 씨앗으로 아름다운 꽃을 피워내면서 말이다. 　분명, 리디아도 엄마와 아빠가 그리웠을 것이다. 부모님과 할머니께 보내는 편지에 그 마음이 절실히 담겨 있었다. 하지만 리디아는 그 그리움을 꽃을 피우며 참아낸 것 같다. 빈 화분에 꽃을 피워내듯, 황폐한 절망 속에서도 따스한 희망을 만들어냈다. 　리디아는 편지에 '외삼촌은 잘 웃지 않으세요.', '이제 곧 짐 외삼촌이 웃으실 거예요. 자신 있어요.'라는 말을 덧붙인다. 그리고 봄이 오기만 기다린다며 지금 골목에 빛이 내리비친다고 했다. 웃음, 희망이 없는 사람들에게 빛이 되어 준 리디아는 참 멋진 아이인 것 같다.
끝	나는 원예사가 되고 싶다. 내가 키운 식물들이 누군가에게 빛이고 희망이면 좋을 것 같다. 리디아처럼 예쁜 마음을 가지며 꽃을 가꾼다면 절망도 희망으로 바꾸는 힘이 생길 것이다. 그렇게 나도 내 주위의 사람들에게 미소를 선물해 주고 싶다.

≫ 등장인물을 공감한 내용으로 쓴 독후감상문을 읽고, 빈칸을 알맞게 채워요.

제목	사이다 공주님 − 〈종이봉지 공주〉를 읽고
처음	신데렐라, 백설공주, 잠자는 숲속의 공주… 수많은 공주님 동화가 있다. 동화 속 공주님들은 모두 수동적이다. 그리고 하나같이 왕자님을 만나 해피엔딩을 맞는다. 이 동화도 그런 내용이지 않을까 생각하며 읽기 시작했다. 그런데 내 예상과 달리 정반대의 이야기였다.
가운데	성에 사는 아름다운 공주 엘리자베스는 로널드 왕자와 결혼하기로 약속되어 있었다. 그런데 어느 날, 무서운 용 한 마리가 나타나 성을 부수고 공주의 옷을 태워버린 후 로널드 왕자를 잡아갔다. 공주는 주변에 있던 종이 봉지 한 장을 옷처럼 입고 용을 찾아 나섰다. 공주는 지혜를 짜내어 용의 힘을 뺏고 결국 곯아떨어지게 만든다. 하지만 동굴 안에서 만난 로널드 왕자는 이렇게 말했다. "엘리자베스, 네 꼴이 엉망이구나! 아이고 탄내야. 머리는 온통 헝클어지고, 더럽고 찢어진 종이 봉지나 걸치고 있고. 진짜 공주처럼 챙겨 입고 다시 와!" 난 이 부분에서 너무 화가 났다. 동화 속 주인공이지만 어떻게 자기를 구하러 온 사람에게 그런 말을 할 수 있을까? 돈과 지위보다 더 중요한 것이 인성인데, 로널드 왕자에게는 그게 없었다. 엘리자베스는 저 말을 듣고 기분이 어땠을까? 열심히 구하러 왔는데 외모 타령만 해대는 왕자에게 엄청난 실망과 더불어 화까지 났을 것 같다. 그래서인지 나는 공주의 뒷말이 너무 통쾌했다. 공주는 이렇게 말했다. "그래 로널드, 넌 옷도 멋지고 머리도 단정해. 진짜 왕자 같아. 하지만 넌 겉만 번지르르한 껍데기야!" 결국, 공주는 '껍데기'뿐인 왕자와 결혼하지 않는다. 매달려야 할 공주가 당당하게 돌아서니 왕자는 많이 놀랐을 것 같다. 공주의 위풍당당한 뒷모습에 더욱 반했을지도 모른다.
끝	예전 시대와 지금은 참 다르다. 여자니까, 남자니까 어떻게 해야 한다는 것도, 성 역할에 따른 편견도 점점 사라지고 있다. 할 말을 똑 부러지게 하고, 자신을 사랑할 줄 아는 종이 봉지 공주가 진정한 여성의 모습인 것 같다.

글쓴이는 '종이 봉지 공주'를 읽고, 왕자의 말을 들은 공주가 _____

_____ 것 같다고 생각했고, 공주의 말을 들은 왕자는

_____ 을 거라고 표현했어.

>> '가끔씩 비 오는 날'(이가을 지음)의 줄거리를 읽어요.

쓸모 있는 못

'가끔씩 비 오는 날'은 벽에 박힌 작은 못의 이야기에요. 쓸모없다고 구박 받는 주인공 못이 어떻게 변해가는지를, 그리고 그 못의 쓸모 있음을 말해 주는 내용이지요.

주인공 못은 오 층짜리 건물의 삼 층에 있는 아주 평범한 집에서 살고 있었어요. 이 집 벽에는 여러 개의 못이 박혀 있는데 액자가 걸린 것도 있고, 주인공 못처럼 아무것도 걸리지 않은 못도 있었어요. 모두 이전의 주인들이 박아 놓은 못들이었지요.

뭔가를 걸기 위해 박은 못은 대개 수평보다 조금 위쪽으로 기울어져 있는데, 주인공 못은 반듯하게 나와 있었어요. 누가 무엇을 걸려고 했는지는 모르지만, 남쪽으로 난 작은 창 아래 단단히 박혀 있었어요.

어느 날 방의 주인이 바뀌었어요.

"남쪽으로 창이 나 있어서 참 좋군요."

새로 온 주인이 이렇게 말했어요. 주인이 무엇을 하는 사람인지에 따라서 방의 이름이 정해지기 때문에 못들은 그를 유심히 관찰했죠.

다른 못들은 주인공 못을 싫어했어요. 같은 쇠못이면서도 시계를 거는 못이나 그림을 거는 못은 주인공 못을 못마땅하게 생각했어요.

"쓸모없는 못은 뽑아 버려야 하는 건데."

심한 말을 들은 주인공 못은 매우 슬펐어요. 그래도 뽑히는 것보다는 그냥 이대로 있는 게 나을 거라고 생각했어요.

하루는 주인 아저씨가 다 죽어 가는 식물을 주워 왔어요. 그리고 화분에 줄을 연결해, 주인공 못에 걸어 창밖으로 비를 맞게 했지요. 식물은 주인공 못 덕분에 해도 보고, 비도 맞았어요. 그리고 파릇파릇 건강해졌어요.

"정말 쓸모 있는 못이야. 이 못이 여기 있어 얼마나 좋은지 모르겠다."

주인 아저씨는 주인공 못을 보며 이렇게 말했어요. 주인공 못은 정말 행복했답니다.

앞의 이야기를 읽고 쓴 독후감상문을 읽어요.

1. 주인공 못이 쓸모없다는 말을 들었을 때 어떤 기분이었을까요?
  ▶ 자신이 가치 없는 존재라는 생각에 절망적이었을 것이다.

2. 주인 아저씨가 쓸모 있다고 말해 줬을 때 주인공 못은 어땠을까요?
  ▶ 자신을 사랑하게 되고, 자신의 가치를 알아봐 준 주인 아저씨께 고마움을 느꼈을 것이다.

제목	내 가치는 내가 만드는 거야 – 〈가끔씩 비 오는 날〉을 읽고
처음	'가끔씩 비 오는 날'이라는 책의 내용으로 수업 시간에 친구들과 이야기를 나누었다. 그런데 한 친구가 눈물을 터뜨렸다. 주인공 못의 상황이 공감되어 슬프다고 했다. 본인도 '쓸모없는' 사람이 아닐까 생각해 본 적도 있다고 했다. 그런 깊은 생각까지 하며 사는 그 친구가 좀 어른스럽게 느껴졌다.
가운데	이 책에는 주인공인 '쓸모없는 못'이 나온다. 다른 못들은 자기들은 액자를 걸거나 시계, 달력 등을 걸 수 있는데, 창 아래에 박힌 이 못은 가치가 없다고 말한다. 우리 반 친구들은 못들이 너무 못됐다며 화를 냈다. 그런데 가만히 생각해 보니 우리의 모습도 크게 다르지 않았다. 모둠을 정할 때, 역할을 제대로 하지 못하는 아이가 있는 것 같으면 선생님께 불만을 토로하곤 했다. "선생님, ○○는 모둠 활동에 필요 없어요."라고 말하면서. 누군가는 우리의 이기적이고 편견 가득한 말에 상처를 받았을 것이다. 주인 아저씨는 이 '쓸모없는 못'을 쓸모 있게 만들어 준다. 시들어 버려진 화분을 주워 와서 '쓸모없는 못'에 걸어 바깥바람, 빛, 비를 맞게 했다. 식물뿐만 아니라 주인공 못에게도 생명을 불어넣어 준 셈이다. "이 못이 여기 있어 얼마나 좋은지 몰라." 라는 말을 들은 '쓸모없는 못'은 어떤 기분이었을까? 아저씨와 못의 도움으로 생명을 되찾은 식물은 또 어떤 기분일까? '쓸모없음'과 '쓸모 있음'을 나누는 기준은 무엇일까? 그 기준은 없다. 사용하기 나름이다. 나를 쓸모 있게 만드는 것, 내가 가진 물건을 쓸모 있게 사용하는 것, 그것이 중요한 문제다.
끝	선생님께서는 "지금 너희들은 너희의 쓸모를 찾고, 그 쓸모를 펼치기 위해 준비하고 있는 거란다. 그러니 힘내." 라고 말씀하셨다. 맞다. 나도 나의 가치를 높이기 위해, 내 쓸모를 찾기 위해 노력할 것이다.

📖 글쓰기 도전

≫ '만복이네 떡집'(김리리 지음)의 줄거리를 읽어요.

만복이는 걸핏하면 친구들과 다투고 나쁜 말을 많이 해서 욕쟁이, 깡패, 심술쟁이라고 불렸습니다. 어느 날 골목 모퉁이를 지나던 만복이의 눈에 '만복이네 떡집'이라는 가게가 들어왔습니다. 안으로 들어가 보자 주인은 없고, 가격표가 붙어 있는 떡이 바구니에 가득 담겨 있었습니다.

그곳에는 입에 척 달라붙어 말을 못 하게 되는 찹쌀떡, 달콤한 말이 술술 나오는 꿀떡 등 여러 이상한 떡들이 있었습니다. 가격표에는 금액이 아닌 '착한 일 한 개', '아이들 웃음 아홉 개' 등 착한 행동들이 적혀 있었습니다.

떡을 너무 먹고 싶었던 만복이는 떡에 손을 대지만 눈속임처럼 떡이 사라졌습니다. 하지만 착한 일을 한 경험을 떠올려 그 가격에 해당하는 찹쌀떡을 하나 먹게 됩니다. 그동안 먹어 보았던 찹쌀떡과는 비교도 안 되게 맛있는 맛이었습니다. 찹쌀떡을 먹은 만복이는 입이 달라붙어 말을 할 수 없게 되는데, 나쁜 말을 하지 않는다며 주변의 칭찬을 받게 됩니다.

기분이 좋아진 만복이는 그 후로도 떡집에 가서 떡을 먹게 되었습니다. 어느 날은 쑥떡을 먹었더니 지나가는 사람들 생각이 들렸습니다. 마침 학교에서 장군이 옆을 지날 때였습니다. 공부를 못해 고민하던 장군이의 생각을 읽은 만복이가 도움을 주려 하자 장군이는 잘난 척하지 말라며 주먹을 날렸습니다. 화가 난 만복이도 싸우려고 했지만, '아휴, 때리려고 그런 게 아닌데. 만복이가 또 코피 나잖아? 나는 왜 이렇게 맨날 사고만 치지?'라는 장군이의 마음을 알게 되자 미운 마음이 사라졌습니다.

이제 만복이는 떡집에서 파는 떡들을 먹기 위해 친구들에게 착한 일을 하고, 아이들을 웃게 하려고 노력하게 되었습니다. 또 친구들에게 선행을 베풀고 이야기를 나누며 그동안 본인의 말과 행동을 되돌아보게 됩니다.

집에 가는 길, 떡집 간판을 보니 장군이네 떡집으로 바뀌어 있었습니다. 만복이는 싱글벙글 웃으며 떡집을 지나쳐 갔습니다.

≫ 인물의 말과 행동을 살펴보고, 왜 그랬을지, 어떤 마음이었을지 공감해 봐요.

	말과 행동	공감하기
만복이		
장군이		

≫ 앞에 나온 이야기 중 한 가지를 골라 읽고, 독후감상문을 써요.

등장인물 공감하기	
전체 감상	

책 속 등장인물의 말과 행동에 공감해 봐. 내가 그였다면 어땠을지도 떠올려 봐.

제목	
처음	
가운데	
끝	

이 책을 읽게 된 동기나, 제목을 들었을 때의 느낌, 책 내용에 대해 미리 알고 있었던 내용 등을 써 봐.

책의 줄거리와 함께 각 인물의 말과 행동을 공감해 봐. 그리고 네 생각을 구체적으로 표현해야 해. 반성하는 내용을 넣어도 좋아.

주인공에게 하고 싶은 말이나, 앞으로의 다짐 등을 쓰면서 마무리해.

독후감상문 ④  주변 사례 찾기

글쓰기 주제
자유, 희생

 비법 알기

> 책 내용과 비슷한 경험을 했거나, 실제 경험한 일은 아니지만 주변에서 보거나 들은 사례가 있을 거예요. 경험과 사례를 책 내용과 관련지어서 생각을 표현해 봐요.

》 독후감상문에서 주변 사례를 어떻게 적용했는지 보고, 빈칸을 알맞게 채워요.

제목	진짜 나를 찾아서 – 〈수일이와 수일이〉를 읽고
처음	'수일이와 수일이'라는 책 제목이 내 호기심을 자극했다. 같은 이름을 가진 아이들의 에피소드일 거라 생각하며 책을 펼쳐 들었다. 그런데, 어찌 보면 공포스러울 정도로 무시무시한 이야기였다. 실제 나에게 이런 일이 있다면 어떡하나 걱정도 됐다.
가운데	주인공 수일이는 방학 동안 공부는 쉬고 마음껏 놀고 싶다는 생각으로 가짜 수일이를 만들어낸다. 수일이의 손톱을 먹고 새로운 수일이가 된 생쥐는 처음에는 다시 생쥐로 돌아가고 싶어 하지만, 인간으로 사는 재미와 자유에 눈을 뜨고는 수일이의 삶을 빼앗아 가기 시작한다. 가짜 수일이 덕분에 공부하지 않고 실컷 놀 수 있어서 신났던 수일이는 그제서야 지루하다고 생각했던 일상이 얼마나 소중한 것인지 뼈저리게 느낀다. 나는 진짜 수일이가 잘못했다고 생각한다. 아무리 놀고 싶었어도 놀기 위해 가짜 자신을 만들어내는 위험한 방법을 택한 게 말이다. 하지만 가짜 수일이도 잘못했다. 진짜 수일이에게서 가족과 친구, 삶을 빼앗으면서도 그에 대해 아무런 죄책감도 느끼지 않기 때문이다. 사실 나도 수일이처럼 나랑 똑같이 생긴 로봇이 학원에 대신 가 줬으면 하고 생각하곤 했다. 그뿐만 아니라, 공부나 운동을 잘하는 친구의 삶을 _______ 생각한 적도 있다. 이 책을 읽으며 그동안 가볍게 생각했던 내 하루가 얼마나 소중한지 느꼈다. 공부, 취미생활, 내가 하는 모든 일들에 책임감이 필요하다는 생각이 들었다. 매일 하루 동안 일어나는 일들은 모두 똑같은 것 같지만 돌아보면 소중한 추억이 된다. 지루하다고 여기지 말고, 하루하루를 소중하게 생각하며 살아야겠다.
끝	가짜 수일이에 밀려 쫓겨날 처지에 놓인 진짜 수일이는 자신이 진짜가 되기 위해 애를 쓴다. '진짜'를 찾아가며 그것의 가치를 알아가는 수일이. 나도 일상의 소중함을 깨닫고 나의 진짜 모습을 사랑해야겠다.

≫ 실제 사례를 넣어 쓴 독후감상문을 읽고, 빈칸을 알맞게 채워요.

제목	멀리 날아라, 갈매기야 – 〈바삭바삭 갈매기〉를 읽고
처음	'바삭바삭 갈매기'는 표지 그림이 꽤 유쾌해서 읽었던 책이다. 갈매기들이 즐겁게 과자를 먹는 이야기일 것 같았는데, 실제 내용은 그렇게 밝은 느낌은 아니었다.
가운데	큰 바위섬에서 자유롭고 평화롭게 살던 갈매기가 바삭바삭이라는 과자의 맛을 알고 바삭바삭에 빠져들었다. 바삭바삭은 우리를 유혹하는 게임, 음식과도 같은 존재일 것이다. 바삭바삭에 사로잡힌 갈매기들은 사냥하는 것도, 나는 것도 하지 않는다. 욕구에 사로잡혀 원래의 본성을 잃어버리게 된 것이다. 바삭바삭을 찾아 사람이 사는 도심까지 가게 된 주인공 갈매기는 공포스러운 고양이들로부터 생명의 위협을 당한다. 쫓기고 쫓기다가 겨우 그 마을을 벗어나, 높이 날아올라 자신의 터전이었던 바다를 멀리서 바라본다. 그리고 지난 시간을 반성하며 이야기가 끝난다. 새로운 것을 추구하고 찾는 태도는 분명 필요하다. 하지만 그게 나의 본질을 해치면 안될 것이다. 날아다니는 갈매기가 날지 못하게 되는 것처럼, 자기 자신의 의미를 잊어버린다면 문제가 된다. 난 이 책을 읽고 중독의 무서움에 대해 다시 한번 생각하게 되었다. 실제 우리 사회에도 게임, 마약, 담배, 알코올 중독 등으로 자신의 모습을 잃은 채 삶이 황폐하게 변한 사람들이 있다. 그들도 주인공 갈매기처럼 하루빨리 깨닫길 바랄 뿐이다. 뭔가에 중독되어 스스로를 잃어가는 일이 없게, 빨리 다시 날개를 달고 중독 이전의 모습을 찾았으면 좋겠다.
끝	자기 본질을 잃어버릴 수 있는 '중독', 항상 조심해야 할 것 같다. 더불어 앞으로는 갈매기의 일상을 무너뜨리는 '과자 던져주기'는 하지 않아야겠다고 다짐했다. 과자가 그들의 삶을 뒤틀어 놓을 수도 있다고 생각하니 반성이 된다. 주인공 갈매기가 본래 자기의 모습으로 행복하게 잘 살았으면 좋겠다.

글쓴이는 '바삭바삭 갈매기'를 읽고 비슷한 사례인 _____

_____ 중독을 떠올렸어.

>> '마당을 나온 암탉'(황선미 지음)의 줄거리를 읽어요.

잎싹의 꿈

'마당을 나온 암탉'은 영화로도 나온 명작이에요. 줄거리를 살펴볼까요?

주인공인 암탉 '잎싹'의 꿈은 닭장에서 나가 마당의 다른 동물들처럼 자신의 알을 품는 거예요. 그래서 잎싹은 알을 낳지 않기로 결심해요. 알을 낳지 못하는 암탉은 닭장 밖으로 버려질 테니까요.

그렇게 잎싹은 닭장을 빠져나오게 되었지만, 모습이 다르다는 이유로 마당 식구들에게 환영 받지는 못해요. 이건 우리 사회와 참 비슷한 것 같죠? 우리도 피부색이 다르다고, 같은 지역 사람이 아니라고, 출신 학교가 다르다고 편을 가르는 경우가 있어요. 같은 아파트 단지에 살지 않는 아이들은 놀이터도 사용하지 못하게 한다는 뉴스도 있었던 것처럼요.

잎싹은 우연히 만난 어미 잃은 청둥오리 알을 품게 돼요. 잎싹의 첫 번째 꿈인 '마당으로 나가는 것'에 이어, 두 번째 꿈 '알을 품는 것'이 이루어졌죠.

하지만 부화한 청둥오리 '초록머리'는 자신의 운명을 따라 다른 청둥오리 떼들과 함께 떠나요. 잎싹은 너무 슬펐지만 초록머리를 보낼 수밖에 없었어요. 청둥오리는 철새이기 때문에 겨울을 지내려면 따뜻한 곳으로 날아가야 하거든요.

그러다 잎싹은 늘 위협적이던 족제비를 만나 그녀도 자식을 기르는 어미임을 알게 돼요. 굶고 있는 새끼를 돌보며 얼마나 힘들지, 자신이 품었던 초록머리를 떠올리며 어미 족제비에게 측은한 마음을 갖게 되죠.

"자, 나를 잡아 먹어라. 그래서 네 아기들 배를 채워라."

잎싹은 족제비에게 물려 가며 하늘을 날고 싶다는 마지막 꿈을 이루어요. 족제비 새끼를 위해 자신을 희생하며, 잎싹은 그렇게 바랐던 하늘을 훨훨 날게 돼요.

여러분, 잎싹은 마지막으로 날면서 행복했을까요? 아니면 무서웠을까요? 자신의 꿈을 이루기 위해 모험하고, 도전하는 잎싹처럼 여러분도 자기의 가치를 올리는 삶을 살아가길 바라요.

>> 앞의 이야기를 읽고 쓴 독후감상문을 읽어요.

1. 주인공 잎싹의 꿈은 무엇인가요?

    ▶ 닭장을 나가 알을 품고, 하늘을 날아 보는 것

2. 주인공은 자신의 꿈을 이루기 위해 어떤 노력을 했나요?

    ▶ 닭장에서 알을 낳지 않고, 어미 잃은 청둥오리를 사랑으로 품었다. 족제비 새끼를 위해 자신을 희생했다.

제목	잎싹의 꿈을 응원해! – 〈마당을 나온 암탉〉을 읽고
처음	예전에 '마당을 나온 암탉'이라는 영화를 울면서 봤던 기억이 있다. 마침 엄마와 간 도서관에서 원작 소설을 발견해 읽게 되었다. 새드 엔딩이었던 영화와는 조금은 다르길 바라는 마음으로 책을 펼쳐 들었다.
가운데	주인공 잎싹은 세 가지 꿈을 갖고 있다. 닭장을 빠져나가는 것, 알을 품어 병아리의 탄생을 보는 것, 하늘을 나는 것. 이런 잎싹을 다른 닭들은 이해하지 못한다. 　　마당으로 나와 어미 잃은 청둥오리의 알을 품어 부화시키고, 그 새끼를 지극한 사랑으로 키운 뒤 보내 주는 잎싹, 제 목숨을 족제비에게 내어 주기까지 하는 잎싹의 삶이 나에게는 비극적이라고 느껴졌다. 고통스럽지만 자신의 소망과 자유, 그리고 사랑을 실현해나가는 삶… 과연 행복한 삶이라고 할 수 있을까? 계속 이런 의문이 들었다. 　　하지만 과거의 독립운동가들만 보아도 알 수 있다. 꿈을 위한 희생은 아름다울 수 있다는 것을. 자유와 독립을 꿈꾸며 고통스럽게 살고, 자신의 목숨까지 희생한 그들에게 '무섭지 않아요? 그냥 가만히 있는 게 편한 삶일 텐데요.'라고 말한다면 뭐라고 대답할까? '내 꿈인 조국의 광복을 위해 무언가를 해야만 행복하다'고 말할 것 같다. 　　주인공 잎싹도 마찬가지다. 잎싹에게 '넌 굳이 왜 그렇게 힘든 삶을 사니?'라고 핀잔을 준다면 잎싹은 화를 낼지도 모르겠다. '무슨 소리 하는 거야? 이건 내가 바라는 삶이 아니야. 난 꿈을 이루는 삶을 살 거야. 내가 내 삶의 주인이잖아.' 하고.
끝	나는 꿈이 있었던가? 잎싹을 보며 내 삶을 돌이켜 보았다. 우선 잎싹처럼 꿈을 가져 보아야겠다. 그 꿈을 이루기 위해 노력하다 보면 어느 순간 나도 내 삶의 주체가 되어 자유롭게 살고 있지 않을까.

>> **전래동화 '나무 그늘을 산 총각'의 줄거리를 읽어요.**

욕심쟁이 부자의 기와집 앞에 동네 사람 모두 쉬어 갈 만큼 큰 느티나무가 있었어요. 어느 더운 여름, 뜨거운 볕을 피해 나무 그늘 아래로 들어간 한 총각이 욕심쟁이 부자 옆에서 잠이 들었죠. 잠에서 깨어난 부자는 허락도 없이 남의 나무 그늘에서 잠을 잤다며 총각에게 호통을 쳤어요.

"이 그늘이 영감님 것이라고요?"

"이 나무로 말하자면 500년 전 우리 고조할아버지가 심으시고 오늘날 내게까지 온 것이니라. 어디라고 이 귀한 그늘을 넘보느냐?"

총각은 기가 찼어요. 나무 그늘에도 주인이 있다는 소리는 처음 들었거든요.

"그런데 영감님, 이 귀한 나무 그늘을 제게 파시면 안 되겠습니까?"

총각은 욕심쟁이 부자에게 돈을 줄 테니 나무 그늘을 팔라고 했죠. 부자는 기분이 좋았지만 못 이기는 척 열 냥을 받고 그늘을 팔았어요. 총각이 산 열 냥짜리 귀한 그늘을 보려고 동네 사람들이 구경을 왔고, 그들은 날마다 이곳에서 쉬었어요.

며칠이 지났어요. 총각은 욕심쟁이 영감 댁에 찾아가 해 질 녘까지 기다렸어요. 나무 그늘은 점점 부자 영감 집 쪽으로 옮겨가더니 마당을 지나 안방까지 들어갔어요. 총각은 신나서 부자의 마당에서 뒹굴거리다가, 안방까지 들어가 누워 꿈쩍도 안 했어요. 마당과 방을 빼앗긴 부자는 자기 나무 그늘을 따라 들어왔다는 총각의 말에 기가 막혔지만, 대꾸하지 못했지요.

하루, 이틀, 사흘, 나흘… 해가 지면 총각은 어김없이 그늘을 따라 영감 집에 들어와 실컷 잠을 자다 갔어요. 논밭에서 일하다 온 흙투성이 동네 어른들까지 데리고 와 마당과 안방을 사용하기도 했어요. 부잣집 식구들은 영감에게 당장 돈을 돌려주고 총각을 쫓아내라 했지만, 총각은 그늘을 다시 사고 싶으면 만 냥을 내라고 했죠.

이제 총각은 온 동네 사람들을 그늘로 불러들였고 사람들은 입을 모아 부자 영감을 놀렸어요. 결국, 욕심쟁이 영감은 부끄러워 얼굴을 들지 못하고 짐을 꾸려 마을을 떠나고 말았답니다.

>> **사건별로 인물의 마음이 어땠을지 생각해 보고, 비슷한 나의 경험을 찾아봐요.**

나무 그늘을 산 총각이 안방까지 자리잡고 누웠을 때	부자는 자기 집에 누군가 마음대로 들어와서 매우 화가 났을 것 같다. 나도 내 침대에 동생이 함부로 올라가 누워 있어서 기분이 나쁜 적이 있다.
부자가 총각에게 자기 그늘이라고 들어오지 못하게 했을 때	

» 앞에 나온 이야기 중 한 가지를 골라 읽고, 독후감상문을 써요.

책 속 내용과 비슷한 경험	
내 생각	

책 속의 주인공과 비슷한 경험이 있니? 그때 어땠어? 꼭 네 경험이 아니라 주변의 사례여도 좋아.

제목	
처음	
가운데	
끝	

이 책을 읽게 된 동기나, 제목을 들었을 때의 느낌, 책 내용에 대해 미리 알고 있었던 내용 등을 써 봐.

책의 줄거리와 함께 각 인물의 말과 행동을 공감해 봐. 그리고 네 생각을 구체적으로 표현해야 해. 반성하는 내용을 넣어도 좋아.

주인공에게 하고 싶은 말이나, 앞으로의 다짐 등을 쓰면서 마무리해.

독후감상문 ⑤ 원인과 결과 분석하기

 비법 알기

> 모든 일에는 그 이유가 있는 법! 책 속에서 일어난 일의 원인과 결과를 찾아 분석해 보고 내 생각을 담아요. 사건이 일어날 수밖에 없었던 이유와 그로 인해 나타난 변화나 결말을 깊이 있게 이해할 수 있어요.

» 독후감상문에서 사건의 원인과 결과를 확인한 후, 빈칸을 알맞게 채워요.

제목	초록 지구 만들기 – 〈내가 조금 불편하면 지구는 초록이 돼요〉를 읽고
처음	이 책 내용은 2학년 교과서에도 실려 있어서 작년에도 읽어본 적이 있다. 마침 환경이란 주제로 일기를 써야 했기 때문에 이 책을 읽고 독후감을 써 보기로 했다.
가운데	이 책은 푸르고 깨끗한 지구를 위해 우리가 지켜야 하는 것 여섯 가지를 제시한다. 물 아껴 쓰기, 쓰레기 만들지 않기, 아나바다 아름다운 행동하기, 에너지 아껴 쓰기, 녹색 소비자 되기, 생명 소중히 여기기가 그 방법이다. 내 생활을 떠올려 보았다. 바깥 산책할 때 나는 꼭 음료수를 사 달라고 졸라 쓰레기를 만든다. 그뿐 아니라, 주말마다 배달 음식을 시켜 먹자고 해서 우리 집 분리수거함은 항상 ☐☐☐☐☐☐☐☐☐. 나의 생각 없는 소비에 지구는 점점 아파진다고 생각하니 한없이 부끄러웠다. 며칠 전 자기 전에 샤워를 하는데 엄마가 "물을 계속 틀고 있으면 낭비되잖아. 껐다가 필요할 때만 틀어. 저번 달 수도세가 엄청나게 나왔더라고."라고 말씀하셨다. 나는 아무 생각 없이 "엄마, 제가 물 쓰는 게 아까워요? 네?"라고 대꾸했다. 아, 얼마나 철없는 행동이었는지 스스로가 너무 한심스럽다. 나의 물 쓰는 습관 때문에 우리 집 수도세는 ☐☐☐☐☐☐☐☐☐ 작게 보면 돈 문제일 수 있지만 크게 보면 우리 지구의 문제이다. 물이 없어서 죽어가는 많은 친구들이 있다고 생각하니 내 행동이 반성된다. 요즘 나에게는 쓰지 않는 스위치를 끄는 습관이 생겼다. 또 냉장고 문도 필요할 때만 연다. 배달 음식도 덜 시켜 먹고, 플라스틱 쓰레기를 만들지 않기 위해 고민도 한다.
끝	책 제목처럼, 내가 조금 불편하면 지구가 초록이 된다. 맞다. 지구를 지키기 위한 노력은 나를 불편하게 만들 수 있지만, 내가 살아갈 터전인 지구를 오염으로부터 지킬 수 있을 것이다. 앞으로도 계속 나는 불편하게 지낼 생각이다.

>> 원인과 결과를 바탕으로 쓴 독후감상문을 읽고, 빈칸을 알맞게 채워요.

제목	꿈의 지구를 만들자 – 〈숨쉬는 도시 꾸리찌바〉를 읽고
처음	'숨쉬는 도시 꾸리찌바'를 읽어 보았다. 황폐했던 도시가 사람들의 노력으로 꿈의 도시가 되다니 놀라웠다. 내가 사는 도시도 꾸리찌바가 되기를 바라는 마음으로 즐겁게 책 속을 여행했다.
가운데	꾸리찌바는 실제로 브라질에 있는 생태 도시다. 이 책에서 도시 계획가인 아빠는 아들 환이에게 도시에 관한 이야기를 들려 주고, 겨울 방학을 맞아 환이와 함께 이곳을 여행한다. 꾸리찌바는 우리가 알고 있는 여느 도시와는 다른 모습이다. 생태 도시인만큼 식물도 많고, 사람이 중심이 되는 그런 친환경적인 공간이다. 물론 처음부터 그랬던 것은 아니었다. 한때는 공기도 탁하고 길가는 버려진 쓰레기들로 가득했다고 한다. 하지만 환경을 먼저 생각하는 사람들의 크고 작은 노력들로 지금의 모습이 되었다고 했다. 현재는 지구에서 가장 모범적인 환경 도시로 유명해졌다. 보행자 천국인 꽃의 거리, 나무 보호 정책, 도시 벽화, 쓰레기를 교환할 수 있는 트럭, 색깔 버스 등 환경과 사람을 먼저 생각하는 노력들이 곳곳에 배어 있는 이곳에 나도 가 보고 싶다는 생각이 들었다. 우리나라에도 있는 차 없는 거리, 색깔 버스 등은 이 도시를 벤치마킹한 것이라고 한다. 특히 꾸리찌바는 도시 자체를 창조적인 종합 예술 작품이라고 생각한다는 데서 감명을 받았다. 내가 살고 있는 도시도 꾸리찌바 같다면 얼마나 좋을까? 곳곳에 꽃과 나무가 자라고, 깨끗한 물이 흐르며 알록달록 예술작품들이 전시되어 있다면 하루하루가 즐거울 것 같다.
끝	꿈의 도시 꾸리찌바처럼, 꿈의 지구를 만들어 보는 것은 어떨까? 전 세계인이 힘을 모은다면 꾸리찌바같은 성공을 이루는 것은 충분히 가능한 일일 것 같다. 환경과 인간을 먼저 생각하는 지구, 그런 지구에서 우리는 더 행복한 미래를 꿈꿀 수 있을 것이다.

'숨쉬는 도시 꾸리찌바'는 환경과 인간을 생각하는 사람들의 노력으로 생태 도시가 된 브라질의 실제 도시 이야기야. 한때는 황폐했지만, 현재는

_____로 유명해졌어.

>> 투발루에 대한 설명과 '투발루에게 수영을 가르칠 걸 그랬어'(유다정 지음)의 줄거리를 읽어요.

가라앉는 투발루

투발루를 알고 있나요? 아홉 개의 섬으로 이루어진 투발루는 평균 해발 고도가 3m 정도 밖에 되지 않는 섬나라예요. 지구 온난화로 해수면이 점점 높아지면서, 투발루는 바닷속으로 가라앉고 있어요. 아홉 개의 섬 가운데 두 개는 이미 수몰되었다고 하고요. 나머지 섬들도 50년 안에 모두 가라앉을 위기에 처했어요.

투발루처럼 기후 변화가 일어나서 그간 살았던 삶의 터전을 떠나 다른 나라로 이동하는 사람들을 '기후 난민'이라고 해요. 지구 온난화 등으로 인해 침수될 위기에 놓인 피지, 투발루, 키리바시 등의 남태평양 섬나라들에서 주로 발생하지요. 2050년이 되면 기후난민은 1억 명에 달할 것으로 추정된다고 해요.

그럼, 기후 난민이 된 투발루의 로자네 가족의 이야기를 알아볼까요?

'투발루에게 수영을 가르칠 걸 그랬어'라는 책에는 주인공 로자와 로자의 반려묘 투발루가 나와요. 로자는 남태평양에 있는 작은 섬인 투발루에 사는데, 투발루는 지구 온난화로 점점 바닷속으로 가라앉고 있지요.

로자는 수영하기를 좋아하는데, 고양이 투발루는 물을 싫어해요. 로자는 점점 불어나는 바닷물 때문에 투발루에게 수영을 가르치고 싶어 하지만, 고양이는 끝까지 수영을 배우지 않았어요.

로자의 집까지 바닷물이 차오르자 로자네 가족은 결국 투발루를 떠나기로 결정해요. 집이 아니라 나라 전체가 곧 바다에 잠겨버리고 말 테니 어쩔 수가 없었지요. 떠나는 날, 비행기 시간이 다가왔는데 투발루가 보이지 않았어요. 로자는 후회하고 또 후회했죠. '투발루에게 수영을 가르칠 걸 그랬어!'라고요. 로자 아빠는 로자에게 말해요.

"로자야, 사람들이 환경을 오염시키지 않으면 다시 투발루로 돌아올 수 있을 거야."

로자는 자신의 고향, 투발루로 다시 돌아갈 수 있을까요? 로자를 돕기 위해 우리는 어떤 노력을 할 수 있을까요? 지구 온난화를 늦추기 위해 우리가 실천해야 할 방법들을 고민해 보아야 할 때예요.

» 앞의 이야기를 읽고 쓴 독후감상문을 읽어요.

1. 투발루는 어떤 나라인가요?
   ▶ 해수면 상승으로 수몰되고 있는 남태평양의 섬나라

2. 투발루가 가라앉는 원인은 무엇인가요?
   ▶ 환경오염으로 인한 지구 온난화 때문에 해수면이 상승해서

제목	사라지는 나라 – 〈투발루에게 수영을 가르칠 걸 그랬어〉를 읽고
처음	환경 교육 시간에 선생님께서 투발루의 대통령이 바닷물에 발을 담근 채 연설하는 뉴스 영상을 보여 주셨다. 처음에는 바지를 걷고 있는 모습이 웃겼는데, 알고 보니 투발루가 가라앉고 있으니 도와달라는 요청을 담은 심각한 영상이었다. 선생님께서는 '투발루에게 수영을 가르칠 걸 그랬어'라는 책도 읽어 주셨다.
가운데	주인공 로자는 자신이 사는 나라, 투발루와 같은 이름의 귀여운 고양이를 키운다. 로자는 투발루에게 수영을 가르쳐 주고 싶었지만 물을 싫어하는 투발루는 수영을 배우지 않았다. 그러던 중, 로자의 집이 물에 잠기기 시작했고, 로자의 가족은 투발루를 떠나기로 했다. 어쩔 수 없이 투발루를 두고 떠나는 로자. 비행기에서 잠겨가는 자기 나라를 보는 로자의 마음은 어땠을까? 아, 생각만 해도 슬퍼진다. 실제로 여러 남태평양 섬나라들이 점점 높아지는 해수면에 잠겨 사라지고 있다. 그 이유는 바로 '지구 온난화'다. 환경이 오염되고, 그로 인해 지구의 온도가 높아져 빙하가 녹고, 해수면이 높아지는 것이다. 낮은 육지는 바닷물에 잠길 수밖에 없다. 얼마나 무서울까? 만약 내가 살고 있는 집이 물에 잠길 수도 있다고 생각하면 불안해서 잠을 잘 수도 없을 것이다. 이를 해결할 방법은 없는 걸까? 우리가 환경오염을 줄이기 위해 노력하면 된다. 석유를 덜 태우고, 전기를 아껴 쓰고, 자동차도 덜 몰아서 지구의 온도를 낮추는 것이다. 지구인 모두가 노력해서 한 마음 한 뜻으로 잠겨 가는 나라들을 도와야 한다고 생각한다.
끝	나는 로자에게 이렇게 말해주고 싶다. "로자야, 조금만 기다려. 네가 너희 나라로 돌아가 투발루와 행복하게 살 수 있도록 노력할게. 그동안 지구를 오염시켜서 미안해. 하지만 이제는 안 그럴 거야. 약속할게." 한 나라가 사라지는 일이 다시는 없도록 모두 노력했으면 좋겠다.

>> '북극곰에게 냉장고를 보내야겠어'(김현태 지음)의 줄거리를 읽어요.

아이스는 북극에 사는 북극곰이에요. 원래 이름은 '베베'인데, 다들 '아이스'라고 불러요. 아이스크림 가게 주인이거든요. 아이스크림을 만들고 눈 위에 꽂아 두면 꽁꽁 맛있게 얼어요. 북극은 추워서 냉장고가 필요 없거든요.

"아이스 아저씨, 아이스크림 주세요."

어느 날, 아이들이 아이스크림 가게로 몰려들었지만 아이스는 고개를 내저었어요.

"오늘은 안 돼. 아이스크림이 다 녹았단다."

아이들은 실망한 표정을 지으며 돌아갔어요.

어느 날부터인가 북극에서는 이상한 일이 벌어져요. 아이스크림이 녹기 시작한 거죠. 북극의 빙하가 전부 녹기 시작하자, 아이스는 더 이상 아이스크림을 팔 수가 없었어요.

아이스는 사막에 사는 낙타에게 편지를 썼어요. 냉장고를 보내 달라고요. 아이스는 날마다 얼음산에 올라가 저 멀리까지 내려다 보았어요.

"왜 이렇게 냉장고가 안 오지?"

아이스는 쪼그려 앉아 하늘을 보며 한숨을 내쉬었어요. 아무리 기다려도 냉장고는 오지 않았어요. 결국, 북극의 빙하는 녹아서 산산조각이 나고 말았죠.

한참 뒤, 사막에 사는 낙타에게서 답장이 왔어요.

"나는 지금 무더운 사막에서 종일 짐을 나르고 있어. 얼마나 힘든 줄 아니? 그런데 장난 편지나 보내다니. 추운 북극에 냉장고가 왜 필요하니? 다시는 그런 장난 편지 보내지 마."

아이들은 매일 아이스크림을 찾으며 눈물을 뚝뚝 흘리기 시작했어요.

"북극의 온도가 점점 높아지니까 아이스크림은 녹고. 나도 어쩔 수가 없구나."

아이스는 힘없이 말했어요.

>> 사건의 원인과 결과를 찾아봐요.

원인	결과
북극의 온도가 높아졌다.	
	낙타는 아이스에게 화난 마음을 담아 답장을 보냈다.

>> 앞에 나온 이야기 중 한 가지를 골라 읽고, 독후감상문을 써요.

문제 내용	원인	
	결과	
내 생각		

책 속 상황을 원인과 결과로 구분하여 써 봐. 그리고 너는 이 책을 읽고 어떤 생각이 들었니?

제목	
처음	
가운데	
끝	

이 책을 읽게 된 동기나, 제목을 들었을 때의 느낌, 책 내용에 대해 미리 알고 있었던 내용 등을 써 봐.

책의 줄거리를 쓸 때는 원인과 결과를 분석해서 써 봐.

너의 바람을 담아서 내용을 마무리하면 좋을 것 같아.

VI

실전! 글쓰기 대회

논설문

주제에 대한 근거를 들어

논설문 쓰는 방법을 익히고

내 생각을 설득력 있게 전달해 봐요.

논설문 쓰기의 정석!

1. 논설문이란?

　논설문은 어떤 주제나 문제에 대해 자기의 생각이나 주장을 써서 상대를 설득하는 글이에요. 글쓴이의 주장이 명확해야 하며, 이를 위해서는 그 주장을 뒷받침할 수 있는 근거가 필요해요. 타당한 근거를 들어서 읽는 이가 '맞아, 그렇구나!' 하고 내 의견을 매력적으로 느끼게 해야겠죠? 마음을 움직이는 논설문을 함께 써 봐요.

2. 논설문, 이렇게 써요

논설문 쓰기 전! ▶ 주제에 대해 잘 알고 있는지 점검하기

　대회에 제시된 주제에 대해 자료를 조사해 보세요. 정확한 지식과 정보를 수집하고, 이를 바탕으로 논설문을 작성해야 해요. 인터넷을 통해 주제와 관련한 개념들, 신문 기사 등을 검색해 보고 필요한 내용을 메모해요.

논설문 쓸 때! ▶ 논설문 구조에 따라 글쓰기

　논설문은 서론, 본론, 결론으로 구성돼요. 각 부분은 서로 일관성 있게 연결되어야 해요. 자기 의견이 이쪽저쪽으로 왔다 갔다 하면 안 되죠.

논설문을 쓰고 나서! ▶ 보고 또 보고, 고쳐쓰기

　다 쓴 후에도 몇 번 더 읽어 보고 고쳐요. 반복된 문장은 없는지, 자기 주장에 불필요한 내용은 없는지 확인해요. 정확한 문장과 맞춤법이 중요하니 여러 번 검토하고 고쳐 써요.

*논설문의 구조

	내용	분량
서론	글을 쓰게 된 문제 상황	1문단 이상
본론	글쓴이의 주장과 근거	근거 개수에 따라 구성 예) 근거가 3개면 3문단
결론	글의 내용 요약 및 주장 강조	1문단 이상

*논설문 쓸 때 유의할 점

▶ 추상적이고 너무 일반적인 주장을 내세우면 상대방에게 공감을 주기 어려워요.

▶ 근거에는 관련된 경험이나 사례를 구체적으로 넣으면 좋아요.

▶ 구체적인 사실, 통계 자료 등을 근거로 활용하면 좋아요.

3. 논설문, 이렇게 쓰면 안 돼요

① 두루뭉술하게 주장하지 않기

문제 상황에 대한 글쓴이의 생각이 명확하고 일관되어야 해요. 그렇지 않으면 독자가 글을 읽으면서 글쓴이의 주장이 무엇인지 제대로 파악하기 어려워요.

② 근거는 정확한 것만

내 주장을 뒷받침할 근거로 다양한 내용을 넣을 수 있어요. 통계 자료나 실제 사건, 연구 내용 등이 내 주장을 훨씬 더 설득력 있게 만들어 주죠. 단, 이 내용은 꼭 정확한 사실이어야 되겠죠?

③ 반대 주장 비난하지 않기

내 주장을 앞세우기 위해 반대되는 의견을 비난한다면, 오히려 설득력을 잃을 수 있어요. 상대 의견도 공감하면서 문제점을 말하는 방향으로 글을 쓴다면 훨씬 더 매력적으로 보일 거예요.

논설문 ①

실제 경험 넣기

비법 알기

> 논설문에는 주장을 뒷받침할 수 있는 근거가 꼭 필요해요. 가장 쉽게 생각할 수 있는 근거는 바로 '자신의 실제 경험'이죠. 주장과 관련한 나만의 경험을 넣어 내 글의 설득력을 높여 볼까요?

≫ 글을 읽고 주장과 관련된 실제 경험을 빈칸에 써요.

①

의견	욕설을 사용하지 않았으면 좋겠습니다.
	⬇
이유	욕설은 상대방에게 불쾌감을 줄 뿐만 아니라, 자신의 이미지와 신뢰성을 떨어뜨릴 수 있습니다. 상황에 따라서는 법적인 문제도 일으킬 수 있습니다.
	⬇
경험 및 사례	며칠 전, 점심시간의 일이었습니다. 다른 반 친구들과 축구를 했었는데, 내가 패스를 제대로 안 했다고 상대 친구가 욕을 했습니다. 무척 기분이 나빴습니다. 그 이후로 축구도 하지 않고 있으며 그 친구와도 관계가 멀어졌습니다.

②

의견	웃어른들께 예의 바르게 대하고 배려하는 것은 우리의 의무입니다.
	⬇
이유	노년 시기를 맞이한 웃어른들은 우리 사회에 매우 소중한 존재입니다. 그분들이 일궈 놓은 땅에서 우리가 살아가기 때문입니다. 또 우리도 나중에는 결국 노인이 됩니다.
	⬇
경험 및 사례	

>> 두 친구가 논설문의 근거로 내세운 실제 경험을 읽고, 빈칸을 알맞게 채워요.

주제	일기장 검사, 인권 침해인가?
문제 상황	최근 학생들 사이에서 일기장 검사가 인권 침해라는 논란이 제기되고 있다. 일부 학교에서는 학생들의 일기장을 검사하여 내용에 제재를 가하고 있는데, 일부 학생들이 이를 비판하는 것이다.

 (지우) "인권 침해다!" 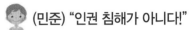 (민준) "인권 침해가 아니다!"

의견 + 이유	나는 일기장 검사가 인권 침해라고 생각한다. 그 이유는 첫째, 일기에는 개인의 생각, 경험이 담겨 있어서 개인 정보가 쉽게 노출될 수 있기 때문이다. 둘째, 사적인 내용을 쓰기 때문에 사생활 침해나 학생에 대한 선생님의 편견이 생길 수 있다.	나는 일기장 검사가 인권 침해가 아니라고 생각한다. 그 이유는 첫째, 선생님은 일기장 검사로 학생들의 학교 생활을 파악하고 문제를 해결할 수 있다. 둘째, 일기장 검사는 글쓰기 지도에도 필요한 활동이다. 셋째, 학생들은 생각을 글로 표현하며 자기 반성과 자기 이해를 경험할 수 있다.

경험 및 사례	예전에 부모님이 이혼하신 친구가 있었다. 그 친구의 일기장을 본 아이들로 인해 엄마와 살지 않는 그 아이의 가정사가 모두에게 알려졌다. 그 친구는 사생활이 공개되어 상처를 받았을 것이다.	원래 나는 글을 쓰는 것을 좋아하지 않을 뿐더러, 잘 쓰지도 못했다. 그런데 작년부터 쓴 일기 덕분에 글 쓰는 실력이 많이 늘었다. 올해는 생활문 쓰기 대회에서 상을 받기도 했다.

제안	일기장 검사는 학생들이 자유롭게 생각과 감정을 표현하는 것을 억압한다. 누군가는 일기장 검사로 상처를 받을 수 있다. 인권을 침해하지 않는 선에서 교육 활동 및 방법을 고민해야 한다.	일기장 검사는 학생들의 원만한 학교 생활과 학습 능력 향상을 위해 중요한 역할을 한다. 학생들의 인권이 침해되지 않도록, 학생과 선생님 간에 약속을 먼저 한다면 효과적인 교육 활동이 될 수 있다.

지우는 '친구가 일기 때문에 _____이 _____되어 상처 받은 경험',

민준이는 '일기 쓰기로 _____ 이 향상된 경험'을 근거로 썼구나.

>> 신문 기사를 읽어요.

교실 CCTV* 설치, 합당한가?

교실 내 CCTV 설치에 대한 논의가 이어지고 있다. '학생들의 안전과 교육 환경 개선을 위해 CCTV를 설치해야 한다'는 입장과, '학생과 교사의 개인 정보와 인권 침해 문제로 설치하면 안 된다'는 두 입장이 맞서고 있다.

청와대 국민청원*에 "초등학교의 교내 CCTV 설치를 의무화해 달라"는 글이 올라왔다. 1학년 여아의 엄마라고 밝힌 A 씨는, 딸이 교실에서 같은 반 아이들에게 성추행을 당했다며 교실 내 CCTV를 설치해야 한다고 건의했다. A 씨는 "현재 10세 이하의 교내 성폭력 사건은 처벌은커녕 진상 조사조차 제대로 진행할 수 없다. CCTV가 없으면 교내 성폭력은 가해자는 없고 피해자만 있는 사건으로 계속 방치될 것"이라고 말했다.

교실 CCTV는 학생들의 학습 모습을 관찰해서 더 효율적인 교육을 제공하거나, 위와 같은 폭력 사건이 일어났을 때 증거를 확보하는 등 학교 내부 안전을 강화하는 데 도움을 줄 수 있다는 장점이 있다. 그러나 한편으로는 CCTV가 학생과 교사의 얼굴, 행동 등 개인 정보나 사생활을 노출시켜 인권 침해 문제가 생길 수 있다. 또 학생과 교사를 감시하는 분위기는 오히려 공포와 불신을 낳을 수도 있다.

이렇게 교실 CCTV는 장점과 단점을 모두 가지고 있다. 따라서 학교와 학부모, 학생들 간에 의사소통을 거쳐, 적절한 방법으로 개인 정보 보호를 고려한 CCTV 설치가 이루어져야 한다. 무엇보다도 학생들의 권익*과 개인 정보 보호가 동시에 보장되어야 할 것이다.

***CCTV:** '폐쇄회로 텔레비전'을 의미하며, 모두에게 공개되는 텔레비전과 다르게 특정 목적을 위해 특정인들에게 제공되는 TV라는 뜻이에요.

***국민청원:** 청와대 홈페이지에 청원을 등록하고 이에 대한 답변을 제공하는 국민과의 소통 정책이에요. 지금은 '국민 제안'이라는 용어를 사용해요.

***권익:** 권리와 그에 따르는 이익을 의미해요. 여기서 권리는 어떤 일을 행하거나 다른 사람에 대하여 당연히 요구할 수 있는 힘이며 인간다운 생활을 위한 기본적인 것이죠.

≫ 기사 속 문제에 관해 쓴 논설문을 읽어요.

1. 기사 속 문제 상황은 무엇인가요?

  ▶ 교실 내 CCTV 설치 문제에 대해 논의가 일고 있다.

2. 문제에 대한 두 가지 의견을 정리해 봐요.

의견	교실 CCTV 설치 찬성	교실 CCTV 설치 반대
이유	▶ 학생들의 학습 모습 관찰과 학교 내부 안전 강화를 위해	▶ 학생과 교사의 인권 침해 문제가 생기거나 감시하는 분위기가 조성될 수 있어서

제목	교실 지킴이, CCTV
문제 상황	교실 CCTV 설치에 대해 논의가 이어지고 있다. 청와대 국민청원 게시판에도 '학교 내에 CCTV를 설치해 달라'는 글이 올라왔다고 한다. 학생들의 안전을 위해 CCTV 설치가 필요하다는 것이다. 하지만 학생과 교사의 개인 정보 침해 문제로 반대하는 입장의 의견도 거세다.
의견 + 이유	교실 CCTV 설치는 학생들의 안전을 위해 필요한 조치라고 생각한다. CCTV를 통해 증거를 수집해서 교내 괴롭힘이나 각종 사고를 예방하고, 해결할 수 있기 때문이다. 또 학생들의 안전뿐 아니라 학습 환경도 개선할 수 있다. CCTV를 통해 학생들의 학습 상황을 실시간으로 파악하면 더 효율적인 교육을 제공할 수 있기 때문이다.
경험 및 사례	최근 우리 학교의 한 교실에서 도난 사고가 꾸준히 일어났는데, 범인이 잡히지 않아 서로 의심만 하는 일이 있었다고 한다. 문제는 해결하지 못한 채 친구들끼리 불신만 쌓여 간 것이다. 그 과정에서 누군가 상처 받는 일도 있었을 것이다. 이렇게 CCTV가 없으면, 목격자가 없는 사고가 일어났을 때 해결이 어려워진다.
제안	학생들을 안전하게 보호하는 것은 교육 기관의 역할 중 하나이다. 따라서 각 학교에서는 학생들의 안전한 학습권을 지켜주기 위해서 하루 빨리 교실 CCTV 설치를 의무화해야 한다.

≫ 주제에 대해 내 경험을 떠올려 봐요.

문제 상황	교권 침해 문제가 심각하다. 수업 시간에 학생들이 불량한 행동을 해도 선생님이 제지하기 어렵다. 예전에는 체벌도 있었다고 하지만 최근에는 선생님이 아이들과 학부모 때문에 힘들어 자살하는 일까지 생긴다. 교권이 지켜지지 않은 교실에서는 제대로 된 배움이 가능하지 않다. 또 학부모가 선생님을 함부로 대하면, 잘못된 모습을 보고 배운 아이들이 나중에 커서 이런 문제를 반복할 수 있다.
주제	교권이 회복되려면 어떻게 해야 할까?
내 생각	가정에서 아이들을 제대로 훈육해야 한다. 교권이 침해되는 주요 원인 중 하나가 가정교육이 부족해서이기 때문이다. 명확한 가치관과 교육 목표가 없는 가정에서 자란 아이들은 규칙과 예절을 배우지 못하고 학교에 오고, 이는 교권이 훼손되는 일로 이어진다. 따라서 집에서 먼저 잘못된 행동에 대한 적절한 지도를 받고 와야 한다.
관련된 경험	우리 반에도 예의 없는 친구들이 몇몇 있다. 수업 시간에도 소란스러운 그 아이들 때문에 선생님뿐 아니라, 우리처럼 차분히 공부하고 싶어 하는 아이들도 피해를 보고 있다. 선생님의 말씀을 듣지 않는 그 아이들을 보며 정말 화가 났고, 어떻게든 그 아이들의 부모님이 가정에서 지도를 해야 한다고 생각했다.

문제 상황	부모가 자녀의 사진을 소셜 미디어에 올리는 행위를 '셰어런츠(share-ents)'라고 한다. 이러한 행위는 자녀의 초상권을 침해할 수 있다. 또 개인 정보가 노출되어 어린이의 사진이 부당하게 사용되거나 악의적인 목적으로 활용될 우려가 있으며, 이는 디지털 시대의 부모들이 고려해야 할 중요한 윤리적 고민 중 하나로 떠오르고 있다.
주제	부모가 자녀의 동의 없이 자녀의 사진을 SNS에 게시해도 될까?
내 생각	
관련된 경험	

≫ '일기장 검사, 인권 침해인가?'에 대한 내 주장을 논설문 단계에 맞게 써요.

문제 상황	최근 학생들 사이에서 일기장 검사가 인권 침해라는 논란이 제기되고 있다. 일부 학교에서는 학생들의 일기장을 검사하여 내용에 제재를 가하고 있는데, 일부 학생들과 학부모가 이를 비판하는 것이다.
내 경험 및 사례	

제목	일기장 검사, 인권 침해인가?
문제 상황	최근 학생들 사이에서 일기장 검사가 인권 침해라는 논란이 제기되고 있다. 일부 학교에서는 학생들의 일기장을 검사하여 내용에 제재를 가하고 있는데, 일부 학생들과 학부모가 이를 비판하는 것이다.
의견 + 이유	
경험 및 사례	
제안	

일기 검사에 관한 자기 의견을 써 보자. 의견을 뒷받침할 수 있는 근거를 2~3개 덧붙여 봐.

내 생각과 관련한 경험을 써 봐. 보거나, 듣거나, 실제 겪은 일을 쓰면 돼.

의견을 한번 더 써서 강조해 보자. 더불어 어떤 방법으로 이 문제를 해결할지 제안하는 내용을 넣어 보자.

논설문 ② 정확한 수치 활용하기

 비법 알기

근거의 신뢰도가 높을수록 읽는 사람을 설득하기 쉬워져요. 특히 구체적인 수치 또는 통계자료를 찾아 활용하면, 주장의 타당성은 더욱 높아지고, 상대는 한결 쉽게 설득 당할 수 있어요.

≫ 글을 읽고 주장과 관련된 통계자료를 제시해서 글을 완성해요.

①

문제 상황	스마트폰은 현대 사회에서 없어서는 안 될 도구이다. 그러나 스마트폰의 과도한 사용은 청소년들에게 심각한 문제를 일으킬 수 있다.
	⬇
의견	교육, 대안 활동 제공, 가족 및 사회적 관계 강화 등의 방안을 통해 스마트폰 사용을 줄이고 청소년들의 건강한 성장과 발달을 지원해야 한다.
	⬇
근거 (통계자료)	'2024년 청소년 미디어 이용 습관 진단조사'에 따르면 전체 청소년의 약 18%가 인터넷·스마트폰 과의존 위험군에 해당된다고 한다.
	⬇
의견	청소년들이 스마트폰 사용을 줄일 수 있도록 가족, 학교, 사회 모두가 협력하여 문제를 해결에 앞장서야 할 것이다.

②

OECD 어린이 행복지수

순위	국가	표준점수
1	네덜란드	115.21
2	노르웨이	114.58
3	스페인	113.98
20	벨기에	88.47
21	체코	83.14
22	대한민국	79.5

'OECD 2021년 22개국 조사. 초등학교 4-6학년 기준.
자료=한국방정환재단

문제 상황	어린이들의 행복지수가 저하되고 있다. 많은 아이들이 자신의 삶에 만족하지 않는다고 말한다.
	⬇
의견	우리는 어린이들의 행복 증진을 위해 교육 환경을 개선하고, 유익하고 안전한 놀이 공간을 조성하며, 사회적 지원을 강화해야 한다.
	⬇
근거 (통계자료)	대한민국의 어린이 행복지수는 OECD 국가 중 가장 _____.
	⬇
정리	어린이들은 우리 사회의 소중한 자산이며, 그들의 행복은 미래를 결정짓는 중요한 요소이다. 어린이들이 행복한 나라가 될 수 있도록 모든 어른들이 힘썼으면 좋겠다.

>> 두 친구가 논설문의 근거로 내세운 통계자료를 읽고, 빈칸을 알맞게 채워요.

주제	뜨거워지는 지구, 이제 그만!
문제 상황	지구 온난화는 인류에게 심각한 위협으로 다가오고 있다. 기후 변화, 생태계 변화 등 다양한 현상으로 우리는 그 영향을 직접적으로 경험하고 있다. 이러한 문제를 해결하기 위해서는 전 세계가 책임감을 가져야 한다.

활용 자료	(지우) 지구 온도 상승과 영향 (민준) 코로나 이후의 온실가스 배출량

통계 자료	지구 온난화의 주범인 온실가스로 인해 최근 120년 간 지구의 평균 온도가 1.2℃ 상승했다. IPCC 온실효과 보고서에 따르면 이러한 추세로는 2100년에는 약 3℃ 상승할 예정이다. 지구 온도가 2℃ 이상 상승하면 폭염, 홍수, 해수면 상승 등의 기후재앙이 일어나므로, 지구 평균 기온을 산업화 이전 대비 1.5℃ 이하로 억제해야 한다.	환경부는 2020년 코로나 팬데믹으로 경기 침체가 지속되며 온실가스 배출량이 줄었다고 발표했다. 그러나 코로나가 종료됨에 따라 온실가스 배출량도 다시 늘었다. 온실가스 배출에서 가장 큰 비중을 차지하는 건 에너지 분야로, 전체 배출량의 86.8%를 차지한다. 에너지 분야는 크게 에너지 산업, 제조건설업, 수송 등으로 나뉜다.

의견 + 이유	지구 온난화의 원인 중 가장 중요한 요소는 인간의 활동이다. 산업화와 경제 성장으로 인해 대기 중 이산화탄소 농도가 상승하고, 산림 파괴, 대량 생산과 폐기물 처리 등으로 생태계가 파괴되고 있다. 무분별한 인간 활동이 온실가스를 배출하고, 그로 인해 지구가 뜨거워지고 있는 것이다. 우리는 에너지 생산과 사용에 대한 지속가능한 대안도 모색해야 한다. 태양광, 풍력, 수력 등 재생에너지의 개발과 보급을 적극 지지해야 하며 에너지 효율을 향상시키고 환경친화적인 기술을 도입해야 한다. 이를 위해서는 개인적인 변화를 넘어, 정부와 기업 중심의 전략이 마련되어야 할 것이다.

제안	지구 온난화는 우리의 생존에 직결된 문제이다. 개개인의 노력과 정부, 기업의 지속가능한 전략이 결합되어야만 우리는 미래 세대에 더 나은 지구를 남길 수 있을 것이다. 우리의 선택과 행동이 변화의 시작이 되고, 지구 온난화를 막기 위한 길을 열어갈 것이다.

지우는 지구 온도의 상승과 영향을 설명하기 위해 _____ 통계자료를 활용했고, 민준이는 환경부 자료를 제시하여 팬데믹 상황에서 온실가스가 줄었던 이유를 _____ 라고 설명했어.

>> 신문 기사를 읽어요.

플라스틱 대한민국, 플라스틱 지구촌

　　그린피스는 '플라스틱 대한민국 2.0 보고서'에서 한국의 플라스틱 폐기물이 사상 최대 규모를 기록했다고 밝혔다. 보고서를 보면 2021년 한 해 동안 발생한 플라스틱 폐기물은 총 1,193만 톤으로, 2017년에 비해 49.5%(395만 톤) 증가한 것으로 나타났다. 특히, 분리배출 되는 플라스틱 중 배달 음식 포장재가 포함된 '기타 폐합성수지류' 항목은 2019년 하루 715.5톤에서 2021년 하루 1292.2톤으로 80.6%나 늘어났다.

　　1인당 연간 일회용 플라스틱 소비량 역시 모든 품목에서 2017년보다 증가했다. 일회용 플라스틱 컵은 2017년 65개에서 2020년 102개로 56.9% 늘어났고, 생수 페트병은 같은 기간 96개에서 109개로 13.5%, 일회용 비닐봉지는 460개에서 533개로 15.9% 늘어난 것으로 집계됐다.

　　2020년 기준 한국인 1인당 연간 일회용 플라스틱 배달 용기 소비량은 568개에 달하는 것으로 나타났다. 일회용 컵, 생수병, 일회용 비닐봉지까지 더하면 연간 1,312개로, 무게로 환산하면 약 19kg이 된다.

　　보고서에서는 일회용 플라스틱 재활용 실태도 분석했다. 2021년 국내 전체 플라스틱의 물질 재활용률은 약 27%였으며, 그중 일회용 플라스틱이 큰 부분을 차지하리라 추정되는 생활계 폐기물*의 물질 재활용률은 약 16.4%에 불과했다. 2021년 플라스틱 폐기물 발생이 2017년보다 49.5% 증가한 것을 고려하면 여전히 매우 낮은 수치다.

　　한편, 유엔은 지난 2022년 제5차 유엔환경총회에서 세계 첫 플라스틱 오염 방지를 위한 협약을 체결하기로 합의하였다. 플라스틱 생산부터 폐기까지 전 과정에 대한 법적 구속력을 갖는 규제안을 마련하기로 한 것이다. 로이터통신은 이 협약이 지구 온도 섭씨 1.5도 이내 상승 제한을 합의한 2015년 파리협약 이후 지구 온난화와 환경 보호와 관련한 가장 중요한 협약이 될 수 있다고 보도했다.

*생활계 폐기물: 생활에서 사용되었으나 그 필요성을 잃어 사용치 않고 버리게 된 물질을 의미해요. 가정에서 나온 쓰레기가 여기에 속하죠. (산업폐기물 제외)

≫ 기사 속 문제에 관해 쓴 논설문을 읽어요.

1. 기사 속 문제 상황을 정리해 봐요.

구분	플라스틱 폐기물의 양	일회용 플라스틱 소비량	일회용 플라스틱 재활용률
통계 자료	2021년 플라스틱 폐기물은 1,193만 톤으로 2017년에 비해 49.5%, 2019년에 비해 80.6% 증가	1인당 연간 1,312개를 소비(2017년부터 계속 증가 추세)	27%

2. 이 문제에 대한 유엔의 대책은 무엇인가요?

▶ 플라스틱 생산부터 폐기까지 전 과정을 규제하는 국제 협약을 마련하는 것

제목	No 플라스틱 대한민국을 위하여
문제 상황	플라스틱은 지구 환경과 생태계에 매우 심각한 영향을 미치고 있다. 플라스틱은 분해되는 데 오랜 시간이 걸리며, 해양 생태계에 유입되어 해양 생물에게 직접적인 위험을 줄 뿐만 아니라 생태계 균형을 위협한다. 또 플라스틱 폐기물이 인간 식품 사슬로 흘러 들어가면서 인간 건강에 부정적인 영향을 미칠 수도 있다.
의견 + 이유	플라스틱 소비량을 줄이기 위해서 다양한 방법을 고려해야 한다. 생분해성 플라스틱을 사용하거나, 플라스틱을 대체할 수 있는 것을 찾는 것이다. 예를 들면 일회용 플라스틱 봉투 대신에 천 장바구니를 사용하거나, 플라스틱 빨대 대신 종이나 스테인리스로 만든 빨대를 활용하는 것이다. 이러한 대안들은 플라스틱 사용을 줄이는 데 효과적인 방법이 될 것이다.
통계 자료	한국인 한 명이 일 년 동안 사용하는 일회용 컵, 생수병, 일회용 비닐봉지를 모두 더하면 1,312개로, 무게로 환산하면 약 19㎏이나 된다. 하지만 일회용 플라스틱이 대부분인 생활계 폐기물의 물질 재활용률은 약 16.4%에 불과하다. 재활용이 불가한 플라스틱 폐기물은 소각하거나 에너지 회수 고형연료 형태로 처리하면서 온실가스를 대기 환경으로 대량 배출하고 있다.
제안	우리는 플라스틱 소비량을 줄일 수 있는 대안들을 적극적으로 채택해야 한다. 이는 우리의 환경을 보호하고, 자원을 절약하며, 지속 가능한 발전을 이루는 데 도움을 줄 것이다. 일회용 플라스틱 사용을 줄이는 것은 우리의 책임이며, 이를 통해 미래 세대들에게 더 나은 환경을 남겨 줄 수 있다.

글쓰기 도전

» **생각을 뒷받침할 수 있는 통계자료를 조사해서 써요.**

문제 상황	소파 방정환은 1923년 5월 5일에 어린이날 선언문을 발표했다. '어린이를 종래의 윤리적 압박으로부터 해방하여 완전한 인격적 대우를 허용한다'는 인격권과 '어린이가 배우고 즐겁게 놀 수 있는 가정과 사회시설을 보장할 것'과 같은 행복권을 어린이를 위해 보장해야 한다는 것 등이 주된 내용이다.
주제	그렇다면, 우리나라 어린이의 인격은 대우를 받고 있을까? 그리고 우리나라 어린이들의 행복은 보장되어 있는가?
내 생각	아닌 것 같다. 왜냐하면 21세기를 사는 한국의 어린이들은 삶이 불행하다고 느끼고 있기 때문이다.
통계 자료	한국방정환재단이 공개한 '한국 어린이·청소년 행복지수' 연구 결과에 따르면 조사 대상인 경제협력개발기구(OECD) 22개국 중 한국 어린이·청소년의 행복지수가 22위로 꼴찌를 기록했다. 해당 조사에서 '행복을 위해 필요한 것'으로 돈·성적 향상·자격증 등의 '물질적 가치'를 언급한 아이들이 38.6%로 가장 많았다.

문제 상황	많은 학부모가 자녀의 학업 성취를 높이기 위해 과외나 학원과 같은 사교육에 투자를 아끼지 않는다. 이러한 사교육 문화는 학생들에게 추가적인 학습 기회를 제공하지만, 동시에 과도한 학업 부담을 야기하기도 한다. 학생들은 학교 수업뿐만 아니라 방과 후 별도의 학습 활동에 참여해야 한다는 압박을 느끼고 있다.
주제	사교육은 필요한가? 어떻게 해야 하는가?
내 생각	사교육이 없는 것보다는 적절한 균형을 유지하는 것이 중요하다. 부모의 강제와 욕심으로 과도하게 사교육을 받으면 문제가 될 수 있지만, 개인적인 어려움이 있을 때 일부 과목에 한해 받으면 도움이 되기 때문이다.
통계 자료	 사교육 통계자료

≫ '지구 온난화'에 관련된 통계자료를 조사해 보고, 내 주장을 논설문 단계에 맞게 써요.

| 관련
통계자료 | |

지구 온도가 얼마나 상승했는지, 온실 가스 배출량은 어느 정도인지 등을 조사해 봐.

제목	
문제 상황	지구 온난화는 우리 인류에게 심각한 위협으로 다가오고 있다. 기후 변화, 생태계의 변화 등 다양한 현상을 통해 우리는 그 영향을 직접적으로 경험하고 있다. 이러한 문제에 대처하기 위해서는 전 세계가 지구를 살리는 데에 큰 책임감과 실천이 필요하다.
의견 + 이유	
통계 자료	
제안	

지구 온난화를 줄이기 위해 어떻게 해야 하는지 자기 의견을 써 보자. 의견을 뒷받침할 수 있는 근거를 2~3개 덧붙여 보자.

내 주장을 뒷받침할 수 있도록 지구 온난화와 관련된 통계자료를 넣어 봐.

의견을 한번 더 써서 강조하고, 어떤 방법으로 이 문제를 해결할지 다른 사람에게 제안하는 내용을 넣어 보자.

189

논설문 ③   공감하기

글쓰기 주제
장애 이해

 비법 알기

내 생각만 옳다고 주장하는 것은 오히려 독이 될 수도 있어요. 자기 생각을 구체적으로 밝히되, 다른 생각도 수용할 수 있다면 상대를 설득하기 더 쉬워지죠. 모든 생각에는 장단점이 있을 테니까요.

>> 반대 의견을 어떻게 수용했는지 확인해 보고 글을 완성해요.

①

문제 상황	우리나라에는 법적으로 사형 제도가 존재하지만 실제로 집행을 하지는 않는다.
의견과 근거	사형은 잘못된 형벌 제도이다. 그 이유는 첫 번째, 인간의 생명권을 박탈하기 때문이다. 두 번째, 외교적인 문제이다. 유럽연합에서는 사형 집행국과는 무역 협정을 맺지 않기에 만약 우리나라에서 사형을 집행할 경우 외교 문제가 생길 수 있다.
반대 의견 공감	물론 사형 제도가 두려움을 갖게 해서 흉악한 범죄를 줄일 수도 있다. 범죄자의 생명권보다 다수의 국민들의 행복권을 보장하는 게 더 효율적일 수도 있을 것이다. 하지만 판결 자체가 오심일 가능성이 있을뿐 아니라, 범죄자의 재사회화 기회마저 놓칠 수 있다.
정리	사형은 범죄자를 교육하여 새 사람으로 만든다는 형벌의 목적에 어긋난다. 어떤 상황에서도 사람의 생명을 국가가 뺏을 권리는 없다. 인간의 윤리적 측면에서도 실행되어서는 안 된다.

②

문제 상황	선거권이란 선거에 참여하여 투표할 수 있는 권리를 말한다. 우리나라의 선거권 제한 연령은 만 18세이다. 최근 '고3 투표법'이 법안으로 지정되어 찬반양론이 대립하고 있다.
의견과 근거	'참여'는 학업, 노동, 인권 등 자신의 삶과 관련된 모든 제도에 자기 생각을 반영할 수 있는 청소년의 기본 권리다. 선거 연령을 낮춰 청소년도 선거를 할 수 있어야 한다.
반대 의견 공감	
정리	선거권 확대를 통한 청소년의 사회참여는 세계적 흐름이다. 청소년 선거권을 확대함으로써 미래의 주체인 청소년들에게 권리와 책임을 부여해야 한다.

>> 반대 의견을 살피며 주장을 내세운 논설문을 읽고, 빈칸을 알맞게 채워요.

주제	장애인 이동권, 보장되어야 할까?
문제 상황	장애인 인권 문제는 포용적이고 공정한 사회가 되기 위해 하루 빨리 해결되어야 한다. 특히 장애인 이동권에 관한 문제는 다양한 입장의 차이로 계속해서 논란이 되고 있다.

 (지우) "장애인 이동권 찬성!"   (민준) "장애인 이동권 반대!"

의견 + 이유	사회는 모든 시민이 평등하게 참여하고 삶의 질을 높일 수 있는 환경을 조성해야 한다. 이런 사회를 위해서는 장애인의 이동권을 보장해야 한다. 장애인들은 일상생활에서 이동의 어려움을 겪는다. 이는 사회참여와 자립을 제한하고 일상생활의 질을 저하시킨다. 정부와 사회 구성원들은 협력하여 장애인들의 접근성을 개선하려 노력해야 한다. 출입구, 엘리베이터, 주차 공간 등의 시설을 개조, 보수하여 장애인들이 편리하게 이동할 수 있도록 하고, 교통수단 운영자들은 휠체어 이용자를 위한 편의 시설과 서비스를 제공해야 한다.	장애인 이동권 보장은 의미 있는 목표지만 실현을 위해서는 현실적인 어려움들이 있다. 먼저, 장애인 접근성을 높이기 위해 시설을 개조하려면 상당한 비용이 소요된다. 기관과 기업에 재정 부담을 가져올 수 있다. 또한, 장애인 이동권 보장을 위한 노력이 실제로 장애인들의 문제를 해결해 주지 않을 수 있다. 휠체어 이용자나 시각장애인과 같은 특수한 상황을 고려하지 않은 경우가 많기 때문에, 현실적으로 효과가 없을 가능성도 크다. 그뿐만 아니라 우리는 제한된 예산 안에서 최대한 많은 사회적 문제를 해결해야 하므로, 장애인 이동권 보장이 우리 사회의 다른 중요한 우선순위들을 희생시킬 수도 있다.
반대 의견 공감	물론 이 과정에서 큰 예산이 드는 것은 사실이다. 하지만 우리는 모두 장애를 가질 수 있다고 생각해야 한다. 나와 우리를 위해 한다는 생각으로 하루빨리 실현해야 할 것이다.	물론 장애인 이동권 보장은 포용적이고 공정한 사회를 구현하는 데 필요하다. 하지만 교육, 일자리 창출, 사회적 참여 등 다른 정책 영역에서의 노력이 더 효율적일 수 있다.
제안	장애인 이동권을 보장함으로써 모든 시민이 동등하게 사회에 참여할 기회를 제공할 수 있다. 따라서, 정부와 사회의 지속적인 노력을 기대하며, 더욱 포용적인 사회를 구현해 나가야 한다.	장애인 이동권 보장은 의미 있는 목표일 수 있으나, 현실적인 비용과 효과에 대한 심사숙고가 필요하다. 우리는 사회의 다양한 우선순위를 고려하여 자원을 효율적으로 분배해야 한다.

지우는 장애인 이동권 보장 과정에서 ＿＿＿＿＿＿＿＿＿＿＿이 드는 것을 인정했고, 민준이는 장애인 이동권이 ＿＿＿＿＿＿＿＿＿한 사회 구현에 필요한 일이라고 공감했구나.

글쓰기 엿보기

>> 신문 기사를 읽어요.

장애인의 탈시설*문제, 더 나은 접근성을 위해

우리는 다양성과 포용을 강조하는 시대에 살고 있다. 하지만 장애인들은 여전히 해결되지 않은 탈시설 문제에 직면하고 있다. '탈시설'이란 장애인 거주 시설에 있는 장애인들을 더 이상 수용하지 않고 자립시켜 지역 사회로 내보내는 것을 의미한다.

하지만 장애인 서비스 지원 체제가 제대로 마련되어 있지 않으면 시설보다 시설 밖이 더 위험하다는 목소리가 크다. 또한, 탈시설 과정에서 의사소통이 어려운 장애인들의 시설 퇴소 동의서가 당사자 동의 없이 작성되거나 중증 발달장애 자녀를 둔 부모들의 선택권이 보장되지 않는 등의 문제도 생겼다. 실제로 지적 장애가 있는 자식을 더 이상 돌볼 기력이 없어 시설을 찾는 한 노부부가 더는 장애인을 받지 않는다는 시설의 답변을 보고 민원을 제기한 예도 있었다.

국가에서는 탈시설 후의 장애인을 지원하는 법안까지 마련했지만, 여전히 장애인들은 일상생활에서 다양한 시설과 서비스에 접근하는 데 어려움을 겪고 있다. 이는 그들의 사회 참여와 독립적인 생활을 제한하는 결과를 가져온다.

국가가 탈시설을 추구하는 이유는 단순히 시설을 폐쇄하는 것보다 시설 거주 장애인이 지역 사회로 나와 사회의 일원으로 그들의 삶의 질을 향상해 가면서 살 수 있도록 하기 위함이다. 하지만 장애인들이 필요한 지원 체제가 마련되지 않은 사회로 나온다면 탈시설의 노력이 성공했다고 볼 수 없을 것이다.

장애인의 탈시설 문제는 우리 사회의 책임이자 도전 과제이다. 더욱 평등하고 포용적인 사회를 구현하기 위해서는 모든 시민들이 공공시설과 서비스에 접근할 수 있는 환경을 만들어야 한다. 정부와 지자체는 이 문제에 관련된 정책을 보다 구체적으로 마련해야 한다. 또한 개인과 사회, 정부가 협력하여 장애인들의 권리와 자유를 존중하는 사회를 만들기 위해 노력해야 할 것이다.

---

*탈시설: 시설에 있는 장애인들을 더 이상 시설에 수용하지 않고 내보내는 것을 의미해요. 장애인과 비장애인이 함께 어울려 살아가기 위한 노력 중 하나예요. 하지만 정작 시설에 있는 장애인들의 80%가 시설의 도움이 필요한 발달 장애인들인데, 그들의 목소리가 전혀 반영되지 않아 문제가 되고 있지요.

기사 속 문제에 관해 쓴 논설문을 읽어요.

> 1. 탈시설 정책의 목적은 무엇인가요?
>   ▶ 장애인들을 자립시켜 지역 사회로 내보내 사회의 일원으로 그들의 삶의 질을 향상해 가며 살 수 있게 하는 것
> 2. 이 정책이 문제가 되는 이유는 무엇인가요?
>   ▶ 장애인 서비스 지원 체제가 제대로 마련되어 있지 않으면 시설보다 시설 밖이 더 위험할 수 있고, 시설 거주를 원하는 장애인의 권리가 존중받지 못할 수 있어서

제목	탈시설, 누구를 위한 것인가?
문제 상황	최근 논란이 되던 탈시설 지원 관련 조례가 서울시에서 폐지되었다. 탈시설의 목적은 장애인들이 시설에서 벗어나 지역 사회의 일원으로 살게 하는 것이다. 장애인 인권을 지원하는 정책 중 하나이지만, 이로 인해 지역 곳곳의 장애인 시설이 사라지는 문제가 발생했다.
의견 + 이유	탈시설은 거주 시설에서 퇴소를 원하지 않는 사람과 의사 표현조차 불가능한 발달 장애인을 강제 퇴소시킨다. 시설 폐지에만 급급하여 정작 보호받아야 할 중증 장애인들은 선택의 기회도 없이 사지로 내몰려 탈시설 이후의 삶이 더 위험할 수도 있다. 지원 체제가 미흡한 상태에서 강제적으로 탈시설을 서두르는 것은 중증 장애인들의 고립을 부추기는 행위라는 의견이 계속해서 나오고 있다.
반대 의견 공감	물론, 장애인과 비장애인을 분리하여 장애인들을 시설 속에 가두는 일은 비인격적 행동이 맞다. 장애인과 함께 살아가는 세상을 만들어야 한다. 그러나 무조건 시설을 없애지는 말아야 한다는 것이다. 시설을 원하는 장애인들에게는 시설을, 시설 밖을 원하는 장애인들에게는 탈시설을, 그렇게 수요자에게 맞는 지원을 해 주어야 한다.
제안	지역별로 장애인 시설은 무조건 운영되어야 한다. 시설의 수는 줄어들지라도 시설을 선택한 사람들은 수용될 수 있도록 해야 한다. 그리고 장애인 맞춤형 지원 정책을 꾸려서 더 이상의 논란을 막아야 한다. 그것이 모두에게 복지인 정책일 것이다.

>> '장애인 통합 교육'에 관련한 반대 생각에 공감하며 변론하는 글을 써요.

문제 상황	현재 우리나라 학교에서는 장애 학생과 비장애 학생이 함께 수업을 듣는 장애인 통합교육이 실시되고 있다. 통합교육은 일반 학교에서 장애 학생에게도 비장애 학생과 동등한 구성원 자격을 부여해서 적합한 교육을 제공하는 것을 지향한다는 데에 교육적 의의가 있다. 하지만 여전히 통합교육에 관련한 논란이 일고 있다.	
주제	그렇다면, 장애인 통합교육은 필요한가?	
	찬성	**반대**
내 생각	장애인 통합교육은 필요하다. 첫째, 장애 학생들이 비장애 학생들과 함께 수업을 듣고 활동을 하면서 현실 세계에 더 잘 적응하는 사회 구성원으로 성장할 수 있다. 둘째, 비장애 학생들이 장애에 대한 이해와 배려심을 기를 수 있다. 서로 다른 능력과 배경을 가진 학생들이 함께 공부함으로써 상호 이해와 존중을 촉진할 수 있다. 셋째, 모든 학생은 교육을 받을 권리가 있으며, 장애 학생들도 비장애인과 동등한 교육 기회를 누려야 한다.	장애인 통합교육은 필요하지 않다. 첫째, 학급 분위기가 흐려질 수 있다. 장애 학생들은 수업 시간에 갑자기 소리를 지르거나, 돌발 행동을 하는 경우가 있다. 둘째로, 비장애 학생들이 겪어야 하는 불편이 지속되다 보면 비장애 학생들이 불만을 갖고 장애 학생들을 따돌리거나 괴롭히는 일이 생길 수도 있고, 비장애 학생들은 그들 나름대로 불만이나 피해 의식을 갖게 될 수도 있다.
반대편 생각 공감 및 변론	물론, 장애 학생의 돌발 행동 때문에 수업 분위기가 흐려질 수는 있다. 하지만	물론, 모든 학생은 동등하게 교육 받을 권리가 있다. 하지만 장애 학생의 돌발 행동으로 수업 분위기가 흐려진다면 비장애 학생들은 학습을 방해 받을 수 있다. 그들의 수업권을 침해할 수도 있는 것이다. 이것은 모든 아이들의 교육 평등성에 어긋나는 일이다.

>> '장애인 이동권'에 대한 내 주장을 논설문 단계에 맞게 써요.

내 의견	
반대 의견	
반대 의견 공감	

내 의견과 반대 의견을 쓰고, 반대 의견의 근거에 대한 공감을 해 봐.

제목	
문제 상황	장애인들의 인권 문제는 포용적이고 공정한 사회를 실현하기 위해 하루빨리 해결돼야 할 과제이다. 그중에서 장애인 이동권에 관한 문제는 다양한 입장의 차이로 실현에 어려움이 있다. 최근 논란이 되고 있는 장애인 이동권 문제, 어떻게 해야 할까?
의견 + 이유	
반대 의견 공감	
제안	

장애인 이동권에 관한 의견을 쓰고, 의견을 뒷받침할 수 있는 근거를 2~3개 덧붙여 봐.

장애인 입장에서 그들은 왜 이런 주장을 하고 있는지, 왜 반대하는 사람들이 생기는지, 각각의 입장을 이해하려고 해 봐.

자기 의견을 한번 더 써서 강조해 보자. 더불어 어떤 방법으로 이 문제를 해결할지 제안하는 내용을 넣어 보자.

배경지식 활용하기

 비법 알기

주제에 대해 알고 있는 배경지식이 많을수록 설득력 있는 주장을 내세우기 좋아요. 상대에게 관련 지식을 설명해 준다면 설득에 훨씬 유리하지요. 논설문을 쓰기 전에 공부하는 이유도 그 때문이에요.

>> 배경지식을 어떻게 활용했는지 확인해 보고 글을 완성해요.

①	문제 상황	동물실험은 약물 개발, 질병 연구 등에서 중요한 도구로 사용된다. 많은 의학적 진보와 치료법의 발전은 동물실험을 거쳐 이루어졌다. 그러나 동물실험의 유용성과 과학적 가치는 동물들의 복지, 권리와는 부딪칠 수 있다.
	배경 지식	동물실험에 쓰인 동물은 실험 후 동물에 큰 영향이 없을 경우에는 회복 기간을 준 후 재실험을 하기도 한다. 동물에 영향이 있어 동물을 죽여야 하는 경우 안락사시킨다고 한다.
	의견과 근거	이처럼 동물실험은 심각한 윤리적 문제를 동반하고 있다. 첫째, 동물실험은 동물들을 고통스럽게 한다. 둘째, 동물실험은 대체 가능한 다른 방법이 있음에도 계속되고 있다.
	정리	동물실험의 윤리적 문제를 인식하고 대체 가능한 연구 방법을 적극적으로 개발하여 동물들의 복지와 권리를 고려해야 한다.

②	문제 상황	사이버 공간에서의 익명성과 자유로운 의사소통은 큰 편리함을 제공하지만, 이로 인해 발생하는 문제도 많다. 이러한 문제들에 대한 대응책으로 인터넷 실명제 도입이 주목받고 있다.
	배경 지식	인터넷 실명제란 _____.
	의견과 근거	인터넷 실명제는 필요하다. 그 이유는 첫째, 개인 정보 유출과 사이버 범죄 예방에 효과적이다. 둘째, 불법 활동과 사회적 문제의 확산을 억제할 수 있다. 셋째로, 개개인의 신뢰성과 책임감을 증진한다.
	정리	인터넷 실명제 도입으로 더욱 발전된 디지털 사회를 구축할 수 있었으면 좋겠다.

≫ 배경지식을 근거로 내세운 논설문을 읽고, 빈칸을 알맞게 채워요.

주제	합계 출산율, 역대 최저 기록!
문제 상황	통계청 발표에 따르면 2024년 1분기 합계 출산율이 0.76명을 기록하며 최초로 0.8명 선이 무너졌다.

	(지우) 합계 출산율의 의미 ⌃ (민준) 다른 나라의 출산 장려 정책
배경지식	합계 출산율은 15~49세의 가임기 여성이 평생 낳을 것으로 기대되는 평균 출생아 수를 의미한다. 우리나라의 합계 출산율은 1980년 2.9명에서 1990년에는 1.6명, 2000년 1.5명, 2010년 1.2명, 2020년 0.84명으로 점점 줄었으며 현재는 세계 최저 수준이다. OECD는 합계 출산율 2.1명 이하를 '저출산 국가'로, 1.3명 이하를 '초저출산 국가'로 분류하는데 우리나라는 이미 2002년부터 초저출산 국가이다.	선진국에서는 저출산이 보편적인 현상이지만, 몇몇 국가는 출산 장려 정책으로 출산율을 끌어올릴 수 있었다. 일본은 아동수당을 신설하였고, 러시아는 출산수당, 주택융자, 생활비 보조 등의 정책으로 저출산율을 극복하고 있다. 1980년대 저출산 문제가 심각했던 프랑스는 육아와 직장생활을 병행할 수 있는 환경을 조성하여 출산율을 올릴 수 있었다.

의견 + 이유	우리나라는 초저출산 국가로 분류되어 인구 감소가 예상된다. 그러나 국가의 지속적인 경제 발전과 사회적 안정, 국가 경쟁력 강화를 위해서는 합계 출산율을 올려야 한다. 이를 위해 정부는 육아 휴가 제도 강화, 출산 혜택 및 보조금 확대 등의 출산 장려 정책을 펼치고, 여성들이 육아와 직장생활을 병행할 수 있도록 도와야 한다.

제안	정부와 사회의 협력을 통해 출산 및 육아에 대한 정책을 개발하고 지원함으로써 출산 의사를 높이고 가족 구조와 사회적 유대감을 강화할 수 있다. 이를 통해 우리는 지속적인 경제성장과 사회적 번영을 이룰 수 있는 사회를 구축할 수 있을 것이다.

지우의 배경지식으로 _____의 의미를 알 수 있어서 글의 이해에 도움이 돼. 그리고 민준이는 다른 나라의 _____에 대한 배경지식을 활용해서 더욱 설득력이 있었지.

>> 신문 기사를 읽어요.

학령인구* 감소, 사라지는 학교

통계청에 따르면 학령인구가 2012년 959만 명에서 2024년 714.7만 명까지 줄어들었다. 통계청은 저출산의 장기화로 인해 초·중·고 학령인구가 2033년에는 400만 명 아래로 떨어질 것으로 예상했다.

합계 출산율이 1명 밑으로 떨어진 2010년대에 태어난 아이들이 다니는 초등학교의 사정은 심각하다. 2024년 신입생이 없는 초등학교는 전국 150여 곳에 달하는 것으로 집계되었다. 단 한 명의 신입생을 위한 입학식을 진행한 학교 소식도 나왔다. 농촌에서만 찾아볼 수 있었던 폐교가 도심에서도 나타나는 것이다.

교육부에 따르면 2024년 초등학교 1학년 예비소집 인원은 모두 36만 9441명이다. 2023년 40만여 명보다 확연히 줄어든 수치다. 한국교육개발원은 2026년 초등학교에 입학하는 신입생 수는 28만 5563명으로, 30만 명 선도 무너질 것으로 전망하고 있다. 2026년은 우리나라 합계 출산율이 1명 밑으로 떨어진 2018년 다음 해인 2019년에 태어난 아이들이 입학하는 해다. 이들이 초등학교 고학년에 진입하는 2029년이 되면 전국 초등학생 수는 170만 명으로 올해보다 34% 줄어들게 된다.

학령인구의 감소에 따른 문제는 초·중·고를 거쳐 대학까지 이어진다. 실제로 2010년 이후 우리나라 대학 충원율은 97~98% 수준을 유지했지만 2021년 91.4%로 떨어졌다. 2023학년도 정시 모집에서는 14개 대학 26개 학과에 지원자 '제로(0)' 사태가 벌어지고 전국 68개 대학이 사실상 '미달' 수준인 3대 1 미만의 경쟁률을 기록했다. 이와 같은 현상은 점점 더 심각해진다는 것이 입시업계의 진단이다.

불과 30~40년 전만 해도 학교가 폐교될 것이라고 상상한 이들은 드물 것이다. 무서울 정도로 빠르게 진행되고 있는 학령인구 감소에 맞춰 적정 학교 규모와 학사 운영 시스템을 전면 재검토해야 한다는 지적이 제기되고 있다. 나아가, 정부와 사회의 협력을 통해 출산율을 높이는 대책 마련이 절실히 필요하다.

*학령인구: 정해진 교육 과정을 이수하거나, 특정 교육 기관에 다닐 수 있는 연령에 해당하는 6~21세의 아동과 청소년의 총인원 수를 말해요.

기사 속 문제에 관해 쓴 논설문을 읽어요.

1. 문제 상황은 무엇인가요?
   ▶ 저출산으로 학령인구가 감소하고, 그로 인해 학교가 사라지고 있다.

2. 문제 상황을 해결하기 위한 방안은 무엇인가요?
   ▶ 적정 학교 규모와 학사 운영 시스템 전면 재검토, 출산율을 높이는 대책 마련

제목	학교 살리기, 나라 살리기
문제 상황	현재 우리나라는 급격한 학령인구 감소로 인해 학교가 사라지는 등의 심각한 문제를 경험하고 있다. 출산율의 감소는 우리 사회의 지속적인 발전과 균형을 위협하며, 이로 인해 국가 경제와 사회 구조가 흔들릴 수도 있다.
배경지식	2023년 우리나라의 합계 출산율은 0.72명으로, 역대 최저치다. 이로 인해 학령인구까지 감소하여 결국 초등학교 입학생이 한 명도 없는 학교가 150여 곳에 달하는 현상까지 나타났다. 학령인구는 정해진 교육과정을 이수하거나, 특정 교육 기관에 다닐 수 있는 연령에 해당하는 6~21세의 아동과 청소년의 총인원 수를 말한다.
의견 + 이유	이러한 문제를 해결하기 위해서는 정부가 출산율을 높이기 위해 적극적으로 노력해야 한다. 인구 감소는 노동력 부족, 사회보장 체계의 불안정화, 공공서비스 제공의 어려움 등 다양한 경제적, 사회적 문제를 야기할 수 있기 때문이다. 특히, 학령인구의 감소로 인해 학교 수요가 감소하고 문 닫는 학교가 늘어나고 있다. 이는 국가의 교육 체계에 부정적인 영향을 미치며, 국가 발전에 심각한 위기를 가져온다. 출산율을 높이기 위해서는 정부의 개입과 다양한 정책들이 필요하다. 첫째, 출산과 육아에 대한 경제적 부담을 줄여야 한다. 육아 휴가를 확대하고 육아 지원 정책을 강화함으로써 부모들의 경제적 부담을 완화할 수 있다. 둘째, 출산과 육아에 대한 지식, 정보를 충분히 제공하고 교육 시스템을 개선하여 부모들이 출산에 대한 불안감을 해소할 수 있도록 해야 한다. 셋째, 출산 환경을 개선해야 한다. 유아 시설을 늘리고 주거 환경을 개선한다면 출산 의사 결정에 도움을 줄 수 있을 것이다.
제안	저출산은 우리 사회에 심각한 영향을 미친다. 정부의 적극적인 개입과 다양한 정책의 시행으로 출산율을 높이고, 학령인구 감소 문제를 해결한다면 국가의 지속적인 발전을 이루어 나갈 수 있을 것이다.

글쓰기 도전

≫ **알고 있는 배경지식을 활용하거나 검색해서 글을 써요.**

문제 상황	우리나라의 저출산 문제는 1980년대 들어서부터 시작되었다. 1983년 합계출산율은 2.06이었다가, 1984년부터는 1.74명을 시작으로 점점 감소 추세로 돌입했다. 2023년 합계출산율은 0.72명을 기록하며 OECD 국가중 최저 출산율이 되었다.
배경지식 ①	저출산이란 _____ 현상을 말한다. 합계 출산율은 15~49세의 가임기 여성이 평생 낳을 것으로 기대되는 평균 출생아 수로, 합계 출산율이 낮을수록 한 여성이 출산하는 자녀 수가 적다는 의미이다. 합계 출산율이 1.3명 이하면 초저출산 사회로 분류하는데, 우리나라는 이미 2000년대부터 초저출산 사회로 들어섰다.
주제	저출산 문제를 어떻게 해결할 수 있을까?
내 생각	우리나라도 외국의 제도를 도입해 각종 보조금을 지급해야 한다. 왜냐하면 자녀를 양육하는 데 드는 경제적·정신적 비용이 출산율과 관련이 있기 때문이다. 특히 사교육이 뿌리내린 우리나라는 다른 나라에 비해 자녀 교육비 부담도 훨씬 크다. 또 아동 복지를 늘리는 데에 신경 써야 한다. 아동 복지 제도를 구체적이고 실효성 있게 만들어 추진해야 하며, 혜택의 범위도 넓혀 더 많은 아동들이 보장을 받을 수 있게 해야 한다.
배경지식 ②	실제 우리나라의 출산 정책을 살펴보면 _____ _____ _____ 등이 있다. 이런 정책의 수혜자들이 더욱 많아질 수 있도록 제도를 변경하여 운영하면 좋을 것이다.
정리	출산율은 나라의 경쟁력을 의미한다. 하루빨리 양육 부담을 줄일 수 있는 제도가 마련되고, 출산율 증가를 위해 전 국민 모두가 노력해야 할 것이다.

≫ '최저 출산율'에 대한 내 주장을 논설문 단계에 맞게 써요.

내 의견	
배경지식	

제목	
문제 상황	올해 1분기 합계 출산율이 1분기 기준으로 역대 최저 기록을 다시 갈아 치웠다. 통계청의 발표에 따르면, 가임 여성 1명이 평생 낳을 것으로 예상되는 자녀의 수인 합계 출산율은 올해 1~3월 0.76명을 기록했다. 이는 1분기 기준으로 역대 가장 낮은 수준이다.
배경 지식	
의견 + 이유	
제안	

합계 출산율의 의미와 현재 우리나라, 다른 나라의 출산율 등 관련 자료를 조사해서 쓰면 읽는 사람이 이해하기 쉬울 거야.

출산율에 관한 의견을 써 봐. 의견을 뒷받침할 수 있는 근거를 2~3개 덧붙여 보자.

내 의견을 한번 더 써서 강조하고, 어떤 방법으로 이 문제를 해결할지 제안하는 내용을 넣어 보자.

논설문 ⑤ 　문제 사례 활용하기

 비법 알기

> 내 주장을 증명할 수 있는 문제 사례를 제시하면 좀 더 설득력 있는 논설문을 쓸 수 있어요. 내가 경험한 일이 아니어도 돼요. 주제와 관련된 뉴스나 이슈가 된 사례를 찾아 구체적으로 제시해 봐요.

≫ 주장을 뒷받침하기 위해 어떤 문제 사례를 활용했는지 보고 빈칸을 채워요.

①

문제 상황	사교육이 중요한 문제로 대두되고 있다.
⬇	
의견 + 이유	과한 사교육은 경쟁과 스트레스를 부추기며 학생들이 균형적으로 성장하지 못하게 한다. 또 경제적 부담이 되므로 교육 격차를 키우기 쉽다.
⬇	
문제 사례	2023년 기준 사교육 참여율은 78.5%로 집계됐는데, 이는 3년 전보다 11.4% 증가한 수치이다. 또한, 중·고등학생 41.3%은 스트레스를 느끼고 있다고 한다.
⬇	
제안	과한 사교육 현상을 해소하기 위해 교육 환경을 개선하고, 대안적인 관점과 대책을 모색해야 학생들의 행복한 성장과 교육 기회의 공정성을 확보할 수 있을 것이다.

②

문제 상황	현대 사회에서 전기 수급의 대안 중 하나로 원자력발전소가 제시되고 있다. 하지만 원자력발전소에 대한 여러 의견이 분분하다.
⬇	
의견 + 이유	안전과 환경을 위해 원자력발전소는 사라져야 한다. 그 이유는 첫째, 사고가 났을 때 엄청난 위험성을 내포하고 있고, 둘째, 원자력발전소에서 나오는 핵폐기물은 오랫동안 방사능을 유지하며 인체와 환경에 위험을 초래하기 때문이다.
⬇	
문제 사례	체르노빌 원전 사고가 난 후 ＿＿＿＿＿＿＿＿＿＿＿＿＿＿＿＿＿＿＿＿＿＿＿＿＿＿＿
⬇	
제안	안전과 환경을 중요시하는 현대 사회에서는 원자력발전소의 건설에 대해 신중하게 대안을 모색해야 하며, 지속 가능한 에너지 체계를 구축해야 한다.

>> 문제 사례를 근거로 내세운 논설문을 읽고, 빈칸을 알맞게 채워요.

주제	AI(인공지능) 창작물 저작권은 누구의 것인가?
문제 상황	AI의 발전과 함께 AI가 창작물을 생성하는 시대가 되었다. 그러나 AI 창작물의 저작권 침해 문제가 제기되고 있다. 이에 대한 인식과 함께 이 문제를 해결하기 위한 대안을 찾아야 한다.
의견 + 이유	AI는 기존 창작물을 학습하고 모방하여 새로운 작품을 만들어 낼 수 있지만, 이 과정에서 원작자의 동의 없이 학습하면 저작권 침해 문제가 생길 수 있다. 또한, AI는 기계이기 때문에 법적인 주체가 될 수 없어 저작권 보호가 어렵다. 그래서 AI가 만든 작품의 저작권을 둘러싸고 원작자와 AI의 관계나 소유권을 명확히 규정하는 법적 조치가 마련되어야 한다.

 (지우) AI의 웹소설 표지 그림 문제 사례 (민준) AI 커버곡 저작권 침해 문제 사례

문제 사례	최근 우리나라 웹소설이 AI로 생성한 표지를 내걸었다가 창작자들의 저작권을 지켜 줘야 한다며 독자들이 항의하고 나서는 바람에 모두 철회한 적이 있다. 일부 아마추어 웹소설 플랫폼에서는 이미 현실적인 이유로 AI 표지가 흔하게 쓰이고 있다.	SNS에서 AI를 이용한 커버곡 열풍이 불고 있다. 문제는 'AI 커버곡'이 모두 AI가 유명 가수의 목소리를 학습해 만들어 낸 목소리라는 것이다. 단지 목소리만 흉내 내는 모창 수준을 뛰어넘어 해당 가수만의 음악적 개성까지 살려 내는 것에 대해 가요계에서는 저작권 침해를 우려하는 목소리도 나온다.

제안	AI 창작물은 저작권을 침해할 우려가 있어 이 문제를 해결하는 방안을 시급히 마련해야 한다. AI와 원작자의 권리를 존중하며, 적절한 균형과 상호 협력을 통해 AI 창작물의 저작권 침해 문제를 해소해야 한다. 또한 AI 창작물의 저작권 소유자, AI와 원작자의 권리 및 의무 등에 대한 법적인 규제와 가이드라인이 필요하다.

주장을 뒷받침하기 위한 근거로 지우는 _____

사례를, 민준이는 _____ 사례를 들었어.

글쓰기 엿보기

>> 신문 기사를 읽어요.

불법 복제물 이용 매년 감소, 저작권 보호 인식 조성

한국저작권보호원이 발표한 '2023 저작권 보호 연차보고서'에 따르면, 2022년 불법 복제물 이용률은 영화(29.0%), 게임(26.2%), 방송(22.9%), 웹툰(21.5%), 음악(18.2%), 출판(16.4%) 순으로 나타났다. 불법 복제물 이용 이유에 대해서는, '무료이거나 매우 저렴하기 때문에'(34.9%)란 답변이 가장 많았고, 이어 '이미 많은 사람들이 이용하기 때문에'(19.6%), '원하는 콘텐츠를 쉽게 구할 수 있어서'(16.8%) 등으로 답했다.

다만, 국내 불법 복제물 전체 평균 이용률은 2020년 20.5%, 2021년 19.8%에서 2022년 19.5%로 매년 감소하는 것으로 나타났으며, 저작권 보호에 관한 인식 수준도 2020년 3.12점, 2021년 3.14점에서 2022년 3.18점(4점 만점)으로 상승 추세를 보였다. 다양한 매체를 통해 각종 이슈를 접하면서 저작권 인식과 보호에 대한 중요성이 증가한 것으로 보인다.

저작권보호원은 불법 복제물의 이용 실태를 탐지하고 분석하여 대응 체계를 강화할 예정이며, 관련 기관과의 지속적인 협력을 통해 K-콘텐츠가 침해되지 않도록 지속적으로 노력해 나갈 계획이다.

디지털 시대의 저작권 교육의 필요성과 확대

음악, 영화, 사진, 글과 같은 다양한 콘텐츠가 인터넷과 모바일을 통해 쉽게 공유, 복제됨에 따라, 콘텐츠 창작자들은 저작권 침해 문제에 더 자주 직면하고 있다.

저작권은 창작자의 권리를 보호하기 위한 핵심 개념이다. 그러나 무단 복제와 공유가 일상화된 요즘, 많은 사람이 저작권에 대한 인식이 부족한 상태로 콘텐츠를 이용하고 있다. 특히 IT 강국인 우리나라에서는 청소년들이 저작권법을 위반해 법적 문제에 휘말리는 일도 자주 발생하고 있다. 대검찰청에 따르면 청소년 열 명 중 아홉 명은 불법 다운로드를 경험한 적이 있다고 한다.

모두가 창작자와 저작자가 될 수 있는 지식 기반 사회를 살아가는 학생들에게 더 체계적이고 적극적인 저작권 교육이 필요하다. 교육 제도를 개선하고 산업체와 협력하며, 개인의 책임감을 키우는 등 여러 측면에서 저작권 교육을 강화해야 할 것이다.

》》기사 속 문제에 관해 쓴 논설문을 읽어요.

1. 기사를 보고 알게 된 사실은 무엇인가요?
   ▶ 저작권 보호에 관한 인식 수준이 올라갔다, 불법 복제물 이용률이 감소했다, 청소년의 저작
   권법 위반 사례가 발생하고 있다 등

2. 저작권 보호에 관한 인식을 키우기 위해서는 어떻게 해야 할까요?
   ▶ 교육 제도의 개선, 산업체와의 협력, 개인의 책임 의식 강화 등

제목	저작권 보호를 향한 마라톤
문제 상황	저작권은 창작자의 노고와 창의성을 보호하기 위한 중요한 법적 개념이다. 그러나 최근 저작권 침해가 증가하고 있다. 이와 같은 문제는 창작자의 권익을 침해하고 창의성을 억압하는 결과를 가져온다.
의견 + 이유	저작권 보호 문화를 정착시키기 위해서는 저작권 침해 행위를 엄격하게 처벌하는 제도적 장치를 마련해야 한다. 이를 통해 저작권 침해를 예방하거나 침해 행위에 신속하게 대응할 수 있을 것이다. 또, 저작권 보호를 위한 국제적인 협력과 협약의 체결 역시 중요하다. 국제적 범위의 저작권 보호는 우리나라의 저작물이 해외에서도 존중받을 수 있게 해 준다. 저작권 관련 교육도 중요하다. 저작권에 대한 이해와 존중이 이루어질 수 있도록 교육 과정에 저작권 개념과 법적 쟁점 등에 관한 내용을 필수적으로 넣어야 한다. 저작권 침해 행위의 위험성이나 실제 사례 등에 대해서도 교육해야 한다.
문제 사례	IT 강국인 우리나라에서는 청소년들이 저작권법 위반으로 범죄자가 되는 사례들이 발생하고 있다. 대검찰청의 발표에 따르면 청소년 열 명 중 아홉 명은 불법 다운로드를 해 본 적이 있는 것으로 나타났다. 뿐만 아니라 AI 기술이 발달함에 따라 AI와 그 업체가 원작자의 저작권을 침해하는 사례도 빈번히 발생해 논란이 되고 있다.
제안	앞으로 지속적인 정책과 교육을 통해 저작권 보호에 관한 인식을 개선하고, 창작자의 창의성과 권익을 지원할 수 있는 문화가 조성되어야 할 것이다. 이렇게 저작권 관련 문제들은 앞으로 더 자주 일어나게 될 것이다. 그러므로 새로운 디지털 기술의 도래에 대비한 법률과 기술적인 방어 수단이 필요하다. 또한 저작권 보호에 대한 인식개선을 위한 캠페인과 광고 활동을 지속적으로 실시하여 대중들에게 저작권의 중요성을 알리는 노력도 필수적이다.

글쓰기 도전

>> '불법 다운로드'에 관한 신문 기사를 읽고, 문제 사례를 정리해요.

영화, 음원, 책 등의 콘텐츠를 불법으로 복제 및 배포하여 저작권을 침해하는 문제가 점점 심가해지고 있다. 2024년 실시한 한 조사에 따르면 응답자의 삼 분의 일이 '지난 1년 동안 불법 콘텐츠를 시청하거나 다운로드한 적이 있다'고 답했다. 많은 사람들이 무분별하게 불법 다운로드 파일을 이용하고 있지만, 이는 엄연한 불법 행위이다.

최근 영화 '파묘'의 복제 파일이 유포되어 제작사 쇼박스가 "영상을 무단으로 유출 혹은 유통하는 행태는 저작권법에 따라 보호되는 재산적 권리를 침해하는 심각한 범법 행위"라고 말하며, "최초 유포자를 비롯해 영상을 불법으로 시청하거나 공유한 이들에 대한 조치를 취하고 추가 피해 확산을 막기 위해 강력하게 대응할 것이다"라는 뜻을 밝혔다. 이전에도 '미나리', '범죄도시' 등의 영화가 국내외 불법 다운로드로 논란을 일으킨 적이 있다.

범죄라는 인식 없이 강의 영상이나 전자책을 무단으로 다운로드하는 사례도 많다. 특히 학생들 사이에서 학습 자료를 불법적인 경로로 구하는 사례가 늘어나고 있다. 100만 원 이상을 내야 구매할 수 있거나 현장 강의실에서만 주는 유명 학원이나 강사의 교재를 단톡방을 통해 불법으로 다운 받는 것이다.

크리스마스의 거리도 이제는 조용해졌다. 과거에는 12월이 되면 거리마다 크리스마스 캐럴이 울려 퍼져 축제 분위기를 만들었지만, 디지털 뮤직이 CD 음반을 대체하고 저작권법이 강화되면서 거리에서 크리스마스 캐럴을 듣기 어렵게 되었다. 음원 사용료가 원인이 되어서이다.

저작물을 무단으로 유출 혹은 유통하는 것은 저작권법에 따라 재산적 권리를 침해하는 심각한 범법 행위이다. 즉, 저작권을 침해하는 일은 재산을 빼앗는 도둑질과도 같다. 건강한 사회가 되려면 제작자가 공들여 제작한 재산인 저작권에 대해 정당한 대가를 내며 사용하는 것이 옳을 것이다.

문제 사례	①
	②
	③

>> '저작권 침해 문제'에 대한 내 주장을 논설문 단계에 맞게 써요.

내 의견	
문제 사례	

제목	저작권 보호를 위한 인식 개선, 어떻게 해야 할까?
문제 상황	저작권은 창작자의 노고와 창의성을 보호하기 위한 중요한 법적 개념이다. 그러나 디지털 시대가 도래하며 저작권 침해가 증가하고 있으며, 이는 창작자의 권익을 침해하고 창의성을 억압하는 결과를 가져온다. 저작권 보호 문화를 정착시키기 위해서는 어떻게 해야 할까?
의견 + 이유	
문제 사례	
제안	

저작권 침해를 예방하기 위해 어떻게 해야 할까? 의견과 그 의견을 뒷받침할 수 있는 근거를 2~3개 덧붙여 보자.

불법 복제물 때문에 실제로 문제 되는 일들이 많아. 뉴스나 신문을 검색해서 문제 사례를 2~3가지 정도 찾아 써 봐.

의견을 한번 더 써서 강조해 보자. 더불어 어떤 방법으로 이 문제를 해결할지 제안하는 내용도 써 봐.

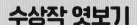

편지문

굿네이버스 희망편지쓰기대회 수상작
(서이안 어린이)

유니스에게

매해마다 초록재단을 통해 우리의 응원이 필요한 친구들과 친구들이 살고 있는 마음을 담아 전해왔었는데 올해 희망편지를 통해 만나게 된 친구, 유니스. 반가워.

유니스가 살고 있는 탄자니아라는 곳은 엄청 넓구나. 영상을 통해 접하게 된 탄자니아와 유니스가 살고 있는 마을 술리, 그리고 유니스의 가족과 유니스의 일상을 잘 보았단다. 나도 초등학교에 다니고 있는데 배움이란 어렵고도 힘들지. 그런데 유니스의 배움을 향한 적극적인 모습과 유니스의 꿈을 위해 노력하는 매일의 모습을 칭찬하고 응원해.

내가 살고 있는 전라도에도 그리고 그 안에 술리 마을 같은 목포시도 현재 많은 비가 오랫동안 내리지 않아 농사를 짓는 것도 어렵고, 식수로 사용하는 물이 많지 않아 절수 캠페인과 가뭄으로 인해 제한 급수 지역이 생길 정도야. 이전에 느껴보지 못한 기후의 위기 상황을 실제로 겪어보면서 기후위기는 우리 지역만의, 우리 나라만의 문제가 아닌 지구촌 세계의 모든 국가들과 그 안에 살고 있는 사람들, 그리고 동식물들, 자연 모두가 함께 겪는 고난인 것 같아 불안하고 두려워.

유니스가 살고 있는 탄자니아, 술리 마을도 기후위기로 인해 가뭄으로 가족들과 식사도, 아빠와 마을 주민들의 일자리 위기도, 삶의 터전을 떠나야 된다는 생각도 하기에 많이 두렵고 힘들지. 이것이 어느 이들의 어느 곳들의 이기적인 행위들에서 기후위기를 계속 만들어내고, 그로 인해 기후위기의 불평등을 겪는 국가와 국민들의 모습에 안타깝고 속상해… 유니스, 너와 내가 그리고 우리가 각자 있는 곳에서 서로의 꿈을 이루고 노력하면서 이런 기후위기로부터 벗어날 수 있는 해결할 수 있는 방법과 방안을 찾아 알리고 실천하면 더 나은 환경에서 살아가게 될 거야.

유니스, 희망은 어려운 상황 속에서도 우리 서로가 각자의 위치에서 자기가 맡은 바 일을 성실히 하고, 응원은 그런 서로의 모습을 함께 힘내게 하는 거라 생각해. 우리 서로 모르는 사이와 아주 멀리 떨어져 있지만 이렇게 지구라는 하나의 행성 안에 살고 있어 닿을 수 있는 관계가 되어 희망편지로 만나게 되는 것처럼 우리 어느 순간 알고 잊혀지는 존재가 아니라 계속 응원하고 마음속에 희망이라는 나무가 건강하게 자랄 수 있도록 응원하자. 유니스, 가족은 함께함으로 인해 힘을 얻는다고 한 너의 아버지 말씀처럼 우리 함께 희망하고 응원하는 친구가 되자. 안녕, 유니스.

2023.4.13.

이주홍 어린이문학 공모전 수상작
(정운비 어린이)

육상 대회

"육상 대회 나갈 사람 손 들어 주세요."

2학기가 되자 선생님은 육상 대회 준비를 하자고 하셨다. 나는 육상 대회에 나갈 거라고 결정은 했지만 막상 손을 들려고 하니 자신이 없었다. 작년 육상 대회 때 겪은 일이 떠올랐기 때문이다.

작년에 나는 100m와 200m에 출전했다. 운동을 좋아해서 달리기는 자신이 있었고 4학년 때는 메달도 땄다. 하지만 작년 육상 대회는 처참했다. 제일 자신 있었던 100m에서도 성적이 좋지 않았다. 스타트를 하고 열심히 달렸는데도 아이들이 한 명씩 나를 앞서기 시작했다. 200m에서도 메달을 따지 못했다. 경기가 끝난 후 애써 괜찮은 척했지만 창피하고 자존심이 무척 상했다. 다른 아이들이 메달을 하나씩 딸 때마다 진심으로 축하하기가 힘들었고 자꾸만 내가 초라해졌다. 단체 사진을 찍을 때 선생님이 다른 친구의 메달을 빌려 내 목에 걸어 주셨는데 너무 속상해서 빨리 집에 가고 싶었다. 선생님과 친구들이 위로하고 격려해 주어도 한동안 많이 우울했다. 육상대회 이야기를 할 때마다 숨고 싶었고 다시는 안 나가리라 다짐했다.

6학년이 되자 선생님께서 마지막이니까 꼭 나가 보라고 하셔서 엄청 고민이 되었다. 나가기 싫은 마음과 다시 뛰고 싶은 마음이 하루에도 몇 번씩 바뀌었다. 나가면 또 실패를 맛볼 것 같고 안 나가면 도전해 보지 않고 포기하는 것 같아 정말 고민이 되었다. 결국 일단은 나가기로 하고 손을 들었는데도 나는 계속 후회하는 마음이 들었다. 살면서 이렇게 많은 고민을 해 보기는 처음이었다.

육상 연습이 시작되었다. 아침에 운동장을 4바퀴씩 뛰고 쉬는 시간에도 스타트 연습과 스피드 훈련을 계속하였다. 작년에는 편안한 마음으로 연습을 했지만 이번에는 메달을 꼭 따겠다는 마음으로 힘들어도 참고 더워도 참고 연습했다. 육상 대회가 앞으로 다가올수록 훈련은 더욱 강해지고 내 마음은 더 초조하고 긴장이 되었다.

대회 하루 전날은 실제 경기장에 가서 연습을 해 보는 날이다. 다른 학교에서도 연습을 하러 온 학생들이 있었는데 그 친구들을 보니 또 자신이 없어졌다. 다 나보다 더 잘 뛸 것 같았다. 집에 와서 나는 내일 비가 와서 경기가 취소되면 좋겠다는 생각을 했다. 아니면 갑자기 다리가 부러져서 달리기를 할 수 없게 되는 상상도 했다. 하루만 더 연습을 하면 잘할 수 있을 것 같다는 생각도 들었다.

육상 대회가 시작되자 다른 친구들이 하나씩 메달을 따기 시작했다. 나는 그 때마다 압박감이 들었다. 드디어 내 차례가 왔다.

"선생님, 뒤에서 같이 뛰어 주시면 안 돼요?"

나는 진심으로 말했지만 선생님은 웃으시며

"괜찮아, 운비야. 잘할 수 있어."라고 말씀하셨다.

'제자리에, 차렷, 땅!'

총소리와 함께 나는 뛰기 시작했다.

뛰기 전에는 많은 생각이 들었지만 막상 달릴 때는 아무 생각도 들지 않았다. 뛰는 것에만 집중해서 달리다 보니 내 옆에는 아무도 보이지 않았다. 일등인가? 내가? 설마? 결승전에서는 이미 선생님이 1등이라며 기뻐하고 계셨다. 1등이라니 난 실감이 나지 않았다. 3등 안에 들어서 메달만 따면 된다고 생각했는데 막상 1등을 하니 기분이 이상했다. 신기하기도 하고 얼떨떨하기도 하고 좋기도 하였다.

"운비야, 잘했어. 거 봐, 하면 되잖아."

연습 내내 용기를 주셨던 선생님이 이번에는 축하를 해 주셨다. 지금까지 나의 걱정과 초조함이 한꺼번에 사라지고 내 노력들이 보상을 받는 것 같았다. 100m에 이어 나는 200m에서도 당당히 1등을 했다. 작년에 내 앞에서 간 아이들이 내 뒤에 따라오니 기분이 이상했다. 이게 1등의 기분인가? 나는 뛰기 전에 계속 '나가기 싫어요', '못할 것 같아요'라며 부정적인 말들을 했던 것이 약간 부끄러웠다. 그리고 포기하지 않으면 언젠가는 할 수 있다는 생각이 들었다.

이주홍 어린이문학 공모전 수상작
(김태훈 어린이)

금목서

우리집 앞에
금목서가 있어요.

창문을 열어 놨더니
가을이 왔다고
금목서 향기가 알려 줘요.

치즈 팝콘 같은 꽃에는
향기가 나요.
향기를 맡으면
우리 엄마가 보고 싶어져요.

가을이 오래 있었으면 좋겠어요.
가을이 금방 끝날까 봐
걱정이 돼요.

금목서가 자꾸자꾸
나를 붙잡아요.